肿瘤放射治疗核心能力建设系列教材

供住院医师、专科医师、研究生等使用

中华医学会放射肿瘤治疗学分会
中国核学会近距离治疗与智慧放疗分会
组织编写

肿瘤放射治疗营养手册

总主编 王俊杰

主　编 吕家华　石汉平

副主编 王　皓　刘晓冬

人民卫生出版社
·北　京·

图书在版编目(CIP)数据

肿瘤放射治疗营养手册 / 吕家华，石汉平主编．
北京 ：人民卫生出版社，2025. 2. -- ISBN 978-7-117
-37459-0

Ⅰ. R730. 55-62

中国国家版本馆 CIP 数据核字第 20244J7R43 号

肿瘤放射治疗营养手册
Zhongliu Fangshe Zhiliao Yingyang Shouce

主　　编：吕家华　石汉平
出版发行：人民卫生出版社（中继线 010-59780011）
地　　址：北京市朝阳区潘家园南里 19 号
邮　　编：100021
E - mail：pmph @ pmph.com
购书热线：010-59787592　010-59787584　010-65264830
印　　刷：北京华联印刷有限公司
经　　销：新华书店
开　　本：710 × 1000　1/16　印张：8
字　　数：157 千字
版　　次：2025 年 2 月第 1 版
印　　次：2025 年 3 月第 1 次印刷
标准书号：ISBN 978-7-117-37459-0
定　　价：55.00 元

编委名单

主　编　吕家华　石汉平

副主编　王　皓　刘晓冬

编　者（按姓氏笔画排序）

王　琛　北京大学第三医院
王　皓　北京大学第三医院
王玉霞　北京大学第三医院
石汉平　首都医科大学附属北京世纪坛医院
白寒松　四川省肿瘤医院
匡　浩　四川省肿瘤医院
吕家华　四川省肿瘤医院
刘宇笛　四川省肿瘤医院
刘晓冬　温州医科大学
苏　越　四川省肿瘤医院
李　涛　四川省肿瘤医院
李学敏　北京大学第三医院
李厨荣　四川省肿瘤医院
肖　苓　四川省肿瘤医院
张秋香　北京大学第三医院
郑秀梅　四川省肿瘤医院
单毓娟　温州医科大学
聂昕宇　四川省肿瘤医院
梁　龙　四川省肿瘤医院
彭　冉　北京大学第三医院
程迪鸥　四川省肿瘤医院
黎　路　四川省肿瘤医院
潘诗怡　四川省肿瘤医院

肿瘤放射治疗核心能力建设系列教材

丛书编委会名单

丛书序

随着我国人口老龄化进程加速，肿瘤发病率呈逐年上升趋势，根据官方统计，每年约有460万人罹患恶性肿瘤。恶性肿瘤已经成为严重威胁国人健康的主要疾病。现阶段，肿瘤治疗主要包括三大技术手段：手术、放疗和化疗。根据世界卫生组织统计，肿瘤患者中约70%需要借助放疗达到根治、姑息治疗目的，或需配合手术行术前、术后放疗。

自伦琴发现X线、居里夫人发现放射性元素镭后，利用射线治疗肿瘤成为人类抗击肿瘤的有效手段。射线治疗肿瘤包括外照射和内照射两大类。外照射就是利用各种仪器设备产生的高能X线通过人体外进入体内，对肿瘤细胞进行杀伤；内照射又叫近距离治疗，其原理是利用各种影像引导技术将放射性核素植入到肿瘤体内或附近，通过放射性核素释放低能伽马射线，对肿瘤细胞进行灭活。历时120年的发展，放疗已经成为独立的临床学科体系。

由于计算机技术的进步、设备研发水平的提高、集成能力的加强，放疗技术不断更新，涌现出三维适形放疗、调强放疗、影像引导下放疗等全新的照射技术，疗程进一步缩短，治疗精度和效率大幅度提高，放疗专业已经全面进入精确和精准时代，在皮肤癌、鼻咽癌、喉癌、早期肺癌、肝癌、前列腺癌、宫颈癌等病种治疗方面已达到与外科相媲美的效果，催生出了放射外科、立体定向放疗、放疗消融、近距离消融、介入放疗等全新的领域，极大地丰富和发展了传统放疗内涵。

由于放疗技术更新日新月异，国内尚没有一套全面系统介绍放疗先进技术、放疗与其他治疗结合的标准化丛书，因此，中华医学会放射肿瘤治疗学分会、中国核学会近距离治疗与智慧放疗分会组织来自全国26个省市的从事放疗专业的200多位知名专家学者，编写了这套《肿瘤放射治疗核心能力建设系列教材》，该套丛书旨在进一步向国内同行介绍放疗领域的新技术、新疗法和新理念，缩小地区之间、医院之间、医生之间的差距，实现我国放疗专业的标准化、同质化和高质量学科发展，造福更多的肿瘤患者，为健康中国战略的实施作出应有的贡献。

丛书主要面向放疗科住院医师、主治医师和硕士、博士研究生，充分考虑住院医师规范化培训、各级医师阶段考试和晋升等，结合我国具体的疾病特点、技术特色和临床实践要求，深入浅出、图文并茂、言简意赅、条理清晰，侧重临床逻辑思维、逻辑分析和临床解决实际问题能力建设。由于本套丛书涉及面广，参与专家众多且对放疗的理解、实践难免存在一定差距，难免存在谬误之处，还望各位放疗同行批评指正，以便进一步完善。

王俊杰

《肿瘤放射治疗核心能力建设系列教材》总主编

中华医学会放射肿瘤治疗学分会第十届主任委员

中国核学会近距离治疗与智慧放疗分会理事长

2024 年 3 月

前　言

放射治疗是恶性肿瘤综合治疗最重要的手段之一，而营养不良是接受放射治疗的患者最常见的合并症和并发症之一。营养不良会通过降低肿瘤细胞的放射敏感性、影响放射治疗摆位的精确性、增加放射治疗的不良反应、降低放射治疗的耐受性等最终降低放射治疗的疗效和患者的生活质量。因此，对接受放射治疗的恶性肿瘤患者进行规范、有效的营养治疗具有重要的意义。

肿瘤放射治疗患者的营养治疗，主要是通过不同的营养方式如生酮饮食、热量限制饮食等改变肿瘤细胞生长的微环境，从而改变放射线对肿瘤细胞的杀伤能力，同时营养治疗还能改善人体对放射线的耐受性，达到根治肿瘤的目的。放射治疗患者的营养不良已引起了广泛的关注，但如何实施营养治疗，在临床上方法仍不成熟、不规范。很多专家学者和同道反馈，需要一本实用性好、操作性强且便于查阅的放射治疗营养手册，对临床工作中肿瘤放射治疗患者的营养治疗进行指导，从而实现规范化和均质化发展。鉴于此，我们组织专家编写了这本《肿瘤放射治疗营养手册》。本书编写风格简明扼要，略去冗长的理论知识，重点落在放射治疗前、放射治疗中和放射治疗后不同阶段营养治疗的具体方法和实践操作要点，并针对关键步骤、重点环节配以图片和表格进行说明，通俗易懂、易于掌握。本书适用于各级医院、医学院校与放射治疗患者营养治疗相关的专业人员的学习和培训，内容实用、贴合临床实践，可作为口袋书指导临床工作。

本书是众多学者和专家共同努力的结果，在编写过程中，他们倾注了大量的心血，同时得到了不同学科专家的指导，在此表示诚挚的感谢！敬请各位专家和读者批评指正，以期不断完善。

吕家华　石汉平

2024年11月

目 录

第一章 肿瘤放射治疗患者的营养状况流行病学

第一节 肿瘤放射治疗患者的营养不良现状

营养不良是肿瘤放射治疗患者最常见的合并症之一。一项纳入200例接受同步放化疗的肿瘤患者的前瞻性队列研究，采用患者主观整体评估进行营养状况评价发现，25.0%的患者存在严重营养不良，73.5%的患者存在轻-中度营养不良。另一项研究同样通过主观整体评估评价头颈部肿瘤患者放射治疗前和放射治疗后营养不良的发生情况发现，放射治疗前所有患者营养不良的发生率为31%，而放射治疗后营养不良的发生率增加至43%。

体重下降是患者营养不良的主要表现之一。不同部位的肿瘤放射治疗患者，营养不良和体重减轻的发生率和严重程度也不同，见表1-1。

表1-1 不同部位肿瘤放射治疗患者营养不良和体重下降发生情况

肿瘤部位	营养不良发生率/%	体重下降(>5%)发生率/%
头颈部肿瘤	24～88	33～74
食管癌和肺癌	45～85	31～80
肝癌	31～87	
胃癌	39～61	
胰腺癌	52～92	26～79
直肠癌	25～62	51～66
宫颈癌	21～48	0～63

营养不良会对肿瘤患者的放射治疗过程及疗效造成不良的影响，包括降低肿瘤细胞的放射敏感性、影响放射治疗摆位的精确性、增加放射治疗毒副反应、降低放射治疗耐受性、延长总住院时间等，最终降低放射治疗疗效和患者生存质量，见图1-1。

肿瘤放射治疗患者营养不良高发生率除了肿瘤本身原因外，还与放射治疗所致的毒副反应有关。放射线在杀死肿瘤细胞的同时也会造成正常组织损伤。当放射线作用于营养相关器官和组织并引起急慢性毒副反应时，必然会影响患

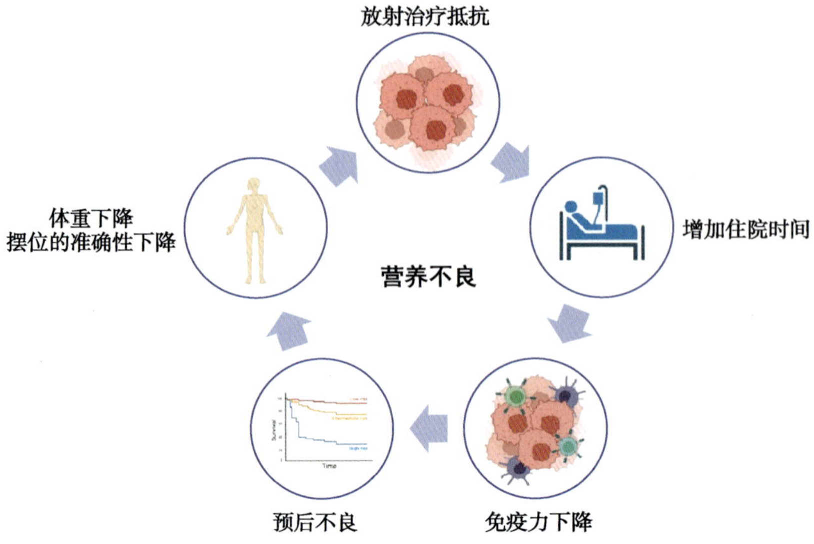

图 1-1　营养不良对肿瘤放射治疗患者的影响

者对于营养物质的摄入、消化、吸收和代谢，最终导致或加重患者的体重下降和营养不良。因此，在对肿瘤患者进行放射治疗时，需要在放射治疗疗效和毒副反应之间寻找平衡，一方面尽可能提高放射治疗剂量和放射治疗疗效，另一方面尽可能减少毒副反应和降低放射治疗中断率，而营养治疗则为此提供了重要的方法。

（肖　苓　石汉平）

第二节　肿瘤放射治疗患者的营养治疗现状

一、肿瘤放射治疗患者营养治疗现状

中国抗癌协会肿瘤营养专业委员会 2020 年发布的研究报告指出，我国住院肿瘤患者中重度营养不良发生率高达 58%，但是我国临床营养学科建设、肿瘤患者得到营养治疗的比例却明显落后于发达国家。有学者调查我国 60 961 名常见恶性肿瘤患者营养治疗情况时发现，68.78% 的患者没有获得任何营养治疗。即使是在患者参与的主观全面评定（PG-SGA）≥9 分的重度营养不良组患者中，无营养治疗的比例仍然高达 55.03%。在获得营养治疗的患者中，14.64% 的患者接受了肠外营养治疗，9.05% 的患者接受了肠内营养治疗，仅有 7.53% 的患者接受了肠内肠外联合营养治疗，见图 1-2。

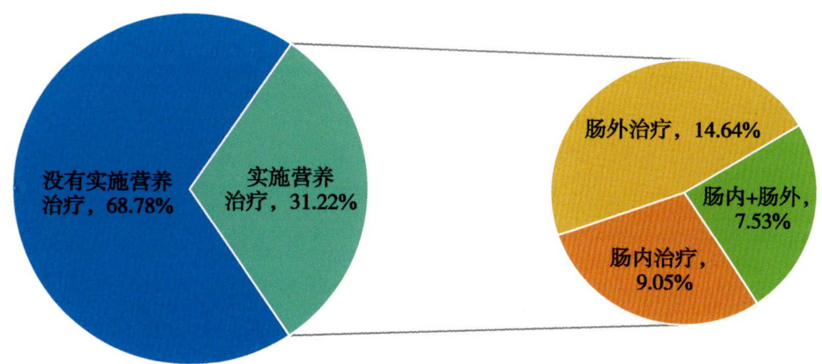

图 1-2　一项调查显示的肿瘤放射治疗患者营养治疗状况

二、肿瘤放射治疗患者营养治疗面临的主要问题

近年来，越来越多的学者开始关注并对如何开展肿瘤放射治疗患者的营养治疗进行了探索。肿瘤放射治疗患者一线营养治疗的理念已逐渐被放射治疗医师接受，但是不同地区、不同医院、不同医师营养治疗开展的水平参差不齐，部分医院营养治疗的落实还存在较多问题。比如营养诊断不全面、不规范；在没有营养诊断的前提下开展营养治疗；营养治疗适应证把握不严或营养治疗不及时；营养治疗通路选择不合理；未充分认识放射治疗患者营养治疗和其他肿瘤患者营养治疗的特点和区别；营养治疗只注重方案制订，而忽略质量控制等。因此，放射治疗患者的营养治疗还需要进一步规范。

三、肿瘤放射治疗患者营养治疗的特殊性

放射治疗患者由于住院周期长、病情变化快、病程中后期可能出现急慢性放射治疗不良反应等特殊性，其营养治疗的具体策略与其他肿瘤患者既具有一定共通性，又具有自身特点。

例如，在肿瘤放射治疗患者的营养诊断中，同样遵循三级诊断的原则，即营养筛查、营养评估和综合评价，但放射治疗患者营养评估也具有特殊性，在二级诊断中除了一般肿瘤患者的 PG-SGA 量表评估以外，还需要联合美国肿瘤放射治疗协作组（RTOG）急性和慢性放射损伤分级，进行综合性的评估。

四、规范化放射治疗营养示范病房的建设

基于上述情况，有必要建立规范化放射治疗营养示范病房，发挥示范引领作用，以点带面，对于防治肿瘤放射治疗患者的营养不良，推动营养治疗的合理应用，提升肿瘤治疗水平，维护患者医疗安全，提高患者生活质量，延长患者生存时间，节约医疗费用等具有重要意义。

中国抗癌协会肿瘤营养专业委员会在全国推动规范化肿瘤放射治疗营养示范病房，即具有示范、引导作用的单位（含病房、科室和医院），对规范实施肿瘤放射治疗营养疗法具有重要意义。放射治疗营养示范病房的人员配备、业务范围、技术开展、质量控制、硬件建设及工作制度等需要达到标准要求。有国内学者探讨了营养示范病房在食管癌放射治疗患者营养治疗中的应用效果。结果显示，营养示范病房有利于改善食管癌放射治疗患者营养知识、态度、行为及营养状况（血红蛋白、血清白蛋白和总蛋白均明显提高）。

（肖 苓 苏 越）

推荐阅读资料

[1] 贺英，林欣，王佳佳，等. 重庆市某医院常见恶性肿瘤住院患者营养状况调查. 肿瘤代谢与营养电子杂志，2017，4（1）：45-50.

[2] 李苏宜，张小田，丛明华，等. 规范化肿瘤营养治疗示范病房标准. 肿瘤代谢与营养电子杂志，2019，6（1）：35-40.

[3] 刘寒雪，陆箴琦. 结直肠癌放化疗患者营养不良及干预研究进展. 护理学杂志，2018，33（7）：100-103.

[4] 陆美芹，陈蕾，羌曹霞，等. 营养示范病房在食管癌放射治疗病人营养支持中的应用. 循证护理，2019，5（6）：570-573.

[5] 吕家华，李涛. 建设规范化放射治疗营养示范病房的必要性和意义. 肿瘤代谢与营养电子杂志，2021，8（1）：17-19.

[6] 王林，丛明华，崔久嵬，等. 肿瘤营养治疗的基本原则. 肿瘤代谢与营养电子杂志，2022，9（6）：727-734.

[7] BOJESEN M，JUHL C B，NORGAARD B. Prevention of weight loss in patients with head and neck cancer in ongoing radiation or chemoradiation therapy—a systematic review and meta-analysis. Eur J Oncol Nurs，2024，72：102668.

[8] CONG M H，WANG J J，FANG Y，et al. A multi-center survey on dietary knowledge and behavior among inpatients in oncology department. Support Care Cancer，2018，26（7）：2285-2292.

[9] MIAO J，WANG L，HU C，et al. A multicenter prospective observational study of nutritional status on survival in locally advanced nasopharynx cancer treated by induction chemotherapy and chemoradiotherapy. J Clin Oncol，2019，37（15 Suppl）：6036.

[10] SONG C H，CAO J J，ZHANG F，et al. Nutritional risk assessment by scored patient-generated subjective global assessment associated with demographic characteristics in 23 904 common malignant tumors patients. Nutr Cancer，2019，71（1）：50-60.

[11] VICTORIA-MONTESINOS D，GARCIA-MUNOZ A M，NAVARRO-MARROCO J，et al. Phase angle，handgrip strength，and other indicators of nutritional status in cancer patients undergoing different nutritional strategies：a systematic review and meta-analysis. Nutrients，2023，15（7）：1790.

第二章 肿瘤患者放射治疗与营养状况的相互影响

第一节 放射治疗对肿瘤患者营养状况的影响

放射治疗对肿瘤患者营养状况的影响是双向的。放射线作用于细胞会导致 DNA 链断裂，进而引起肿瘤细胞和组织细胞凋亡。肿瘤细胞凋亡导致肿瘤消退，有助于患者营养状况的改善。而另一方面，组织细胞凋亡引起放射治疗毒副反应，进而可能引起或加重患者的营养不良，见图 2-1。

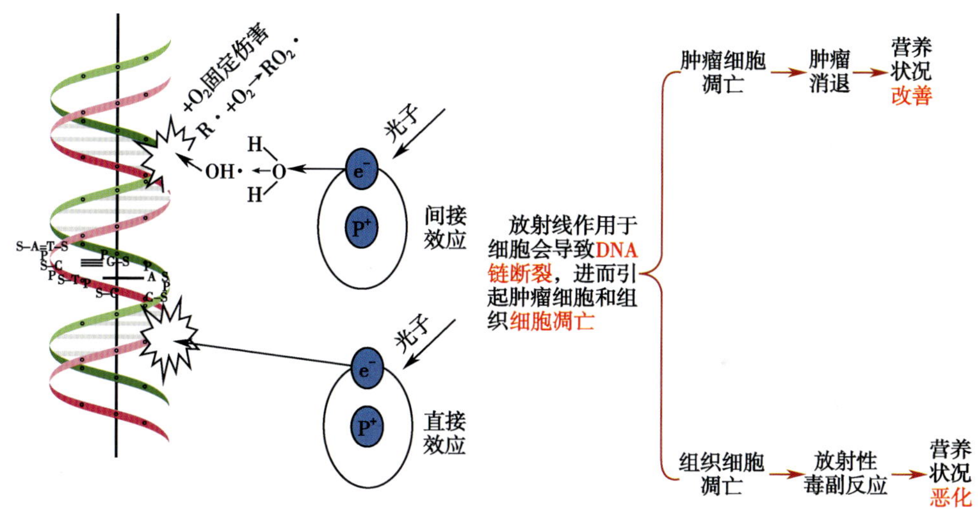

图 2-1 放射治疗对肿瘤患者营养状况的影响

一、放射治疗对肿瘤患者蛋白质代谢的影响

（一）放射治疗对肿瘤患者蛋白质摄入的影响

味觉分为甜、酸、咸、苦、鲜五种，作为人类的五大感官之一，当机体出现味觉缺失、味觉迟钝、味觉过敏或味觉障碍时，会严重影响患者的食欲，导致蛋白质摄入下降。口腔接受 50Gy 的放射治疗后，80% 的患者出现食欲丧失。这主要是因为放射线会影响到舌上的味蕾，使其出现味觉改变，导致食欲下降。据报道，70%～100% 的放射治疗患者会出现味觉障碍，在放射治疗开始后 4～5 周，

味觉开始减退，5～6 周症状最明显，11 周后症状开始好转。放射治疗结束 4～5 周后味觉开始恢复，6～12 个月多数患者的味觉有不同程度的恢复，但是仍有部分患者的味觉异常会持续到治疗结束后 1～2 年。

在放射治疗初期，由于摄食障碍、消化道反应、胃肠道黏膜损伤等，导致机体处于负氮平衡（摄入氮少于排出氮）。尽管放射治疗可减少肿瘤负荷、缓解肿瘤压迫和梗阻，一定程度上改善患者的营养摄入状况；但另一方面，头颈部放射治疗可致味觉敏感度降低、放射性口腔黏膜炎和口干等，胸部放射治疗可致放射性食管炎，腹部、盆腔放射治疗可致放射性肠炎等，这些均会影响蛋白质的摄入、消化、吸收和代谢等全过程，导致营养不良的发生或营养状况的恶化。

（二）放射治疗对肿瘤患者蛋白质合成与降解的影响

放射线作用于蛋白质分子，既可引起蛋白质三级结构的破坏和功能受损，又能使蛋白质代谢紊乱，后者表现为合成代谢的抑制和分解代谢的增强。

当细胞内重要蛋白质（肌蛋白等）数量和结构受放射线的影响而出现变化时，细胞的生物学功能也会发生相应的改变。放射治疗后的肌肉在显微镜下的特征见图 2-2。这可能与高剂量的辐射影响肌肉前体细胞的增殖，从而抑制肌肉的自发再生有关，也可能是因为毛细血管对高剂量辐射的敏感性增加而引起血管损伤，导致延迟性肌肉缺血和肌肉萎缩。

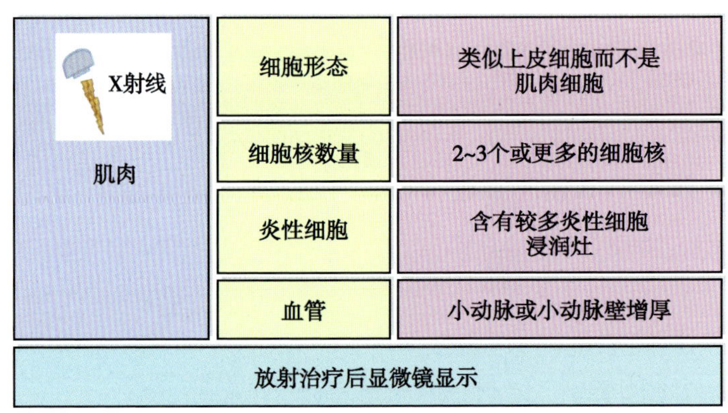

图 2-2 放射治疗后的肌肉变化

二、放射治疗对肿瘤患者碳水化合物代谢的影响

碳水化合物是机体所需能量的主要来源，主要经三羧酸循环进行有氧代谢及糖酵解进行无氧代谢两条途径。在有氧代谢过程中，放射线可引起三羧酸循环中苹果酸脱氢酶、琥珀酸脱氢酶、异柠檬酸脱氢酶活性降低，从而影响有氧代谢。此外，放射线可引起糖异生增强，出现高血糖症，并引起糖酵解作用增加。放射线还会导致脾脏、胸腺的线粒体氧化磷酸化受抑制，发生代谢紊乱。

三、放射治疗对肿瘤患者脂代谢的影响

放射线作用于生物体产生的自由基可能引发脂质过氧化。另外，实验兔经放射线照射后，会发生高脂血症，其总脂含量中以中性脂肪增加最多，其次为磷脂与胆固醇。全身照射后血液中总脂及各类脂质升高的程度可作为判断辐射损伤的预后指标。

（单毓娟　刘晓冬）

第二节　营养不良对肿瘤放射治疗患者的影响

体重下降是肿瘤放射治疗患者营养不良的主要表现之一。营养不良和体重下降对肿瘤放射治疗患者临床结局的负面影响已在多项研究中得到证实。

Jin 等研究发现，92% 的鼻咽癌患者在放射治疗期间会出现不同程度的体重下降。第 7 周时体重下降超过 5% 的患者的 10 年无疾病进展生存时间、总生存时间和无远处转移生存时间显著更短。此外，一项随访 10 年的前瞻性研究显示，与在放射治疗期间保持或增加体重的头颈部肿瘤患者相比，患者每减重 1kg，死亡风险增加 25%。

食管癌是一种高发病率和高死亡率的恶性肿瘤。根治性放射治疗是不能手术局部晚期食管癌患者的标准治疗方式。进行性吞咽困难是食管癌患者中晚期典型症状，由此引起的患者能量长期摄入不足可能导致严重营养不良的发生。据报道，60%～85% 的食管癌放射治疗患者表现出不同程度的营养不良，在恶性肿瘤中位居前列。营养不良不仅会降低食管癌细胞对放射线的敏感性，还可能显著影响临床结局和生活质量。Jiang 等研究发现，在中晚期食管癌患者中，有 40.3% 患者在放射治疗过程中出现了体重下降超过 5%，而体重下降与患者更差的身心状态、更低的生活质量、功能障碍和预后不良有关。

一项针对同步放化疗的Ⅲ期非小细胞肺癌患者的回顾性研究发现，治疗期间体重减轻≥5% 的患者总生存时间较短（P=0.03）。Kiss 等回顾性分析了 96 例接受高姑息或根治性放射治疗的肺癌患者，放射治疗开始后 90 日，患者体重平均减轻 8%，而体重下降≥5% 的患者占 31%。治疗前体重下降与肺癌放射治疗患者低生存率密切相关，诊断前体重分别下降 <5kg、5～10kg 或>10kg，患者的死亡风险分别增加了 17%、23% 和 46%。

总之，营养不良对肿瘤放射治疗患者造成不良的影响，包括降低肿瘤放射敏感性、增加放射治疗摆位误差、增加放射治疗不良反应、降低放射治疗耐受性、延长住院时间等，进而降低放射治疗疗效，影响患者的生存质量。因此，对恶性肿瘤放射治疗患者进行全程、有效的营养管理具有重要的意义。

（聂昕宇　李　涛）

推荐阅读资料

[1] 中国抗癌协会肿瘤营养专业委员会，中华医学会放射肿瘤治疗学分会，中国医师协会放射肿瘤治疗医师分会. 肿瘤放射治疗患者营养治疗指南（2022年）. 肿瘤代谢与营养电子杂志，2023，10（2）：199-207.

[2] BRITTON B，BAKER A，CLOVER K，et al. Heads up：a pilot trial of a psychological intervention to improve nutrition in head and neck cancer patients undergoing radiotherapy. Eur J Cancer Care（Engl），2017，26（4）：10.

[3] JAIN R，COSS C，WHOOLEY P，et al. The role of malnutrition and muscle wasting in advanced lung cancer. Curr Oncol Rep，2020，22（6）：54.

[4] JIANG N，ZHAO J Z，CHEN X C，et al. Clinical determinants of weight loss in patients with esophageal carcinoma during radiotherapy：a prospective longitudinal view. Asian Pac J Cancer Prev，2014，15（5）：1943-1948.

[5] KISS N，ISENRING E，GOUGH K，et al. The prevalence of weight loss during（chemo）radiotherapy treatment for lung cancer and associated patient-and treatment-related factors. Clin Nutr，2014，33（6）：1074-1080.

[6] LIU S Y，ZHAO Q，ZHENG Z Z，et al. Status of treatment and prophylaxis for radiation-induced oral mucositis in patients with head and neck cancer. Front Oncol，2021，11：642575.

[7] LYU J H，SHI A H，LI T，et al. Effects of enteral nutrition on patients with oesophageal carcinoma treated with concurrent chemoradiotherapy：a prospective，multicentre，randomised，controlled study. Front Oncol，2022，12：839516.

[8] NEOH M K，ABU ZAID Z，MAT DAUD Z A，et al. Changes in nutrition impact symptoms，nutritional and functional status during head and neck cancer treatment. Nutrients，2020，12（5）：1225.

[9] PATEL J D，PEREIRA J R，CHEN J，et al. Relationship between efficacy outcomes and weight gain during treatment of advanced，non-squamous，non-small-cell lung cancer patients. Ann Oncol，2016，27（8）：1612-1619.

[10] RAVASCO P. Nutrition in cancer patients. J Clin Med，2019，14（8）：1211.

[11] WEI J，WU J，MENG L，et al. Effects of early nutritional intervention on oral mucositis in patients with radiotherapy for head and neck cancer. QJM，2020，113（1）：37-42.

[12] ZHENG Z Z，ZHAO X，ZHAO Q，et al. The effects of early nutritional intervention on oral mucositis and nutritional status of patients with head and neck cancer treated with radiotherapy. Front Oncol，2021，10：595632.

第三章 肿瘤放射治疗营养疗法的内涵和研究方向

第一节 肿瘤放射治疗营养疗法的概念与内涵

肿瘤放射治疗营养疗法是两个学科的结合，一个是放射肿瘤学，一个是肿瘤营养学。放射治疗和营养是相互关联的。恶性肿瘤放射治疗患者中有30%～80%存在营养相关问题，放射治疗在杀灭癌细胞的同时，其副作用可能会造成患者的营养不良。比如头颈部放射治疗可能导致放射性口腔黏膜炎等，胸部放射治疗可能导致放射性食管炎等，腹部、盆腔放射治疗可能导致放射性肠炎等，都会导致患者进食疼痛、害怕进食、进食后消化与吸收不良等，进一步导致患者营养不良的发生或营养状况的恶化。营养不良不单影响患者的精神、机体与功能，更能显著影响肿瘤患者放射治疗的过程和效果，导致患者预后不良。

肿瘤放射治疗营养疗法就是应用营养治疗的方法来调节放射线对机体和肿瘤细胞的作用（即增加肿瘤细胞放射敏感性，降低机体正常组织急性和晚期放射反应），是治疗肿瘤的一种方法。肿瘤放射治疗营养疗法的基础主要是阐明营养物质在放射治疗急性和晚期放射反应中产生影响的机制，其通过将基础理论转化为利用营养治疗重塑肿瘤细胞生存微环境，提高肿瘤细胞放射治疗敏感性和放射治疗疗效，进一步服务临床。开展肿瘤放射治疗患者营养不良的预防、诊断、治疗、评估与检测，通过营养治疗可降低急性放射反应的发生率和严重程度，提高放射治疗的耐受性，降低放射治疗非计划中断率，降低放射治疗后组织器官功能障碍，提高放射治疗患者的生存率。

（聂昕宇　吕家华）

第二节 肿瘤放射治疗营养疗法的过去与现在

15世纪40年代肿瘤学开始发展，1924年德国人Warburg发现了肿瘤细胞的有氧酵解现象，因此获得了诺贝尔奖，奠定了肿瘤营养学的基础。1998年世界上第一本肿瘤营养学专著*Nutrition Oncology*问世，标志着肿瘤营养学在国外作为一个独立的学科开始发展。随着时间的推移，21世纪后，一系列国内外高水平学术期刊均呼吁高度重视肿瘤患者的营养不良与营养治疗，呼吁要把饮食、营养作为肿瘤预防、治疗及康复的重要措施整合到肿瘤三级预防中。

19 世纪 90 年代，随着射线的发现，人们可以利用放射线产生的能量治疗肿瘤，放射肿瘤学随之诞生，也就是我们所说的放射治疗诞生。2014 年，有学者将放射肿瘤学与肿瘤营养学相结合，形成肿瘤放射治疗营养疗法的概念。肿瘤放射治疗营养疗法形成概念的阶段主要分为三部分，见图 3-1。利用营养治疗联合放射线重塑肿瘤细胞微环境，并提高肿瘤治疗疗效，已经形成了肿瘤放射治疗营养疗法概念。肿瘤放射治疗营养疗法的目的就是运用营养治疗与放射治疗，改变肿瘤细胞生存的微环境，提高其对放射治疗的敏感性，提高周围正常组织的耐受性，达到根治肿瘤的目的。

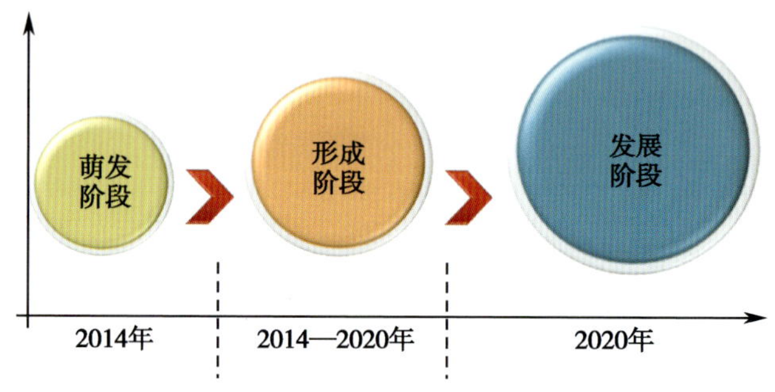

图 3-1 肿瘤放射治疗营养疗法理念的发展

放射治疗与营养第一篇论文最早发表于 1931 年，1963 年关于放射损伤与蛋白质代谢的论文发表于 *Nature*，随后肿瘤放射治疗营养疗法表现出巨大的潜力。随着时间发展，近 10 年来，不管是国内还是国外期刊，肿瘤放射治疗营养疗法相关论文数量呈逐年增加的趋势。近 5 年，全球共有 32 项肿瘤放射治疗营养疗法注册临床研究，主要集中在欧美国家，其中中国共 4 项。此外，中国临床试验注册中心共检索到 10 项肿瘤放射治疗营养疗法临床研究。2013 年德国进行了一项探究高脂肪、高蛋白、低糖肠内营养改善食管癌及头颈部肿瘤同步放化疗营养状态的随机对照、多中心临床研究。2018 年国内开展第一个放射治疗患者营养治疗的多中心临床研究：肠内营养对食管癌同步放化疗患者营养状况、不良反应和近期疗效影响——前瞻性、多中心、随机对照临床研究（NCT02399306）。2015 年前，国内外均无专门的肿瘤放射治疗患者营养治疗的专家共识或指南。国内外发布的肿瘤营养治疗指南中，几乎没有肿瘤放射治疗营养疗法相关的内容。2015 年 12 月，国内外第一部食管癌放射治疗患者肠内营养专家共识发布，填补了该领域的空白。随后头颈部、肺部等肿瘤相关放射治疗营养专家指南共识也相继发布。2021 年 4 月，我国第一本肿瘤放射治疗营养学专著《肿瘤放射治疗营养学》出版，旨在改善放射治疗医师营养治疗水平参差不齐的问题，让放射治疗营养学知识成为提高患者肿瘤生存率的“武器”。

（聂昕宇　吕家华）

第三节　肿瘤放射治疗营养疗法的未来

目前，国内外肿瘤放射治疗营养学者通过开展高质量临床研究，建设全国规范化放射治疗营养示范病房，推广肿瘤放射治疗营养疗法课程等措施，使得肿瘤放射治疗患者营养治疗的规范化水平和普及性水平均得到了显著提高。未来肿瘤放射治疗营养疗法的发展方向应该重点围绕放射治疗、营养治疗和其他抗肿瘤治疗的相互作用，并从肿瘤细胞、肿瘤免疫微环境和代谢微环境几个方面进行研究和突破。

代谢异常是肿瘤患者发生营养不良的重要原因，也是肿瘤快速增长和恶性生物学行为的物质基础。另外，肿瘤细胞还会通过代谢重编程，进一步影响肿瘤免疫微环境。因此，以代谢为靶点为我们提供了新的肿瘤治疗方向，也为进一步探明肿瘤发生、发展的机制提供了新的思路和研究基础。在未来，基于代谢组学等技术的快速发展，探索肿瘤代谢的独特机制，筛选和鉴定对肿瘤发生、发展发挥作用的代谢分子等均是肿瘤营养的研究方向。加强基础与临床结合，促进基础科研成果向临床应用转化，将会开启肿瘤放射治疗代谢治疗的全新领域。

研究放射治疗急性与晚期毒副反应与营养物质之间的关系，为诊治肿瘤放射治疗过程中的毒副作用提供新思路是未来发展方向之一。放射治疗产生毒副反应的基础是放射线对正常组织 DNA 与蛋白质造成结构破坏。在未来，探索特异的营养物质为破损组织提供新的原料，增强正常组织的放射治疗抵抗力也是研究方向之一。学者需要进一步通过基础与临床相结合，减轻患者放射治疗过程中的副作用，提高治疗耐受性，增加放射敏感性，开启肿瘤放射治疗营养疗法新篇章（图 3-2）。

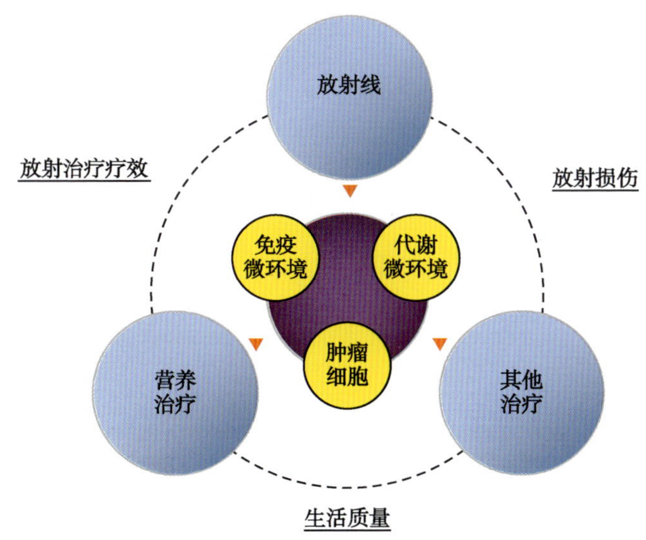

图 3-2　肿瘤放射治疗营养疗法的发展方向

（聂昕宇　李 涛）

推荐阅读资料

[1] 吕家华，李涛，朱广迎，等．肠内营养对食管癌同步放化疗患者营养状况、不良反应和近期疗效影响：前瞻性、多中心、随机对照临床研究（NCT02399306）．中华放射肿瘤学杂志，2018，27（1）：44-48.

[2] 翟志伟，张坤宁，王琛，等．中低位局部进展期直肠癌新辅助治疗与全程新辅助治疗的近期疗效和安全性比较．中华胃肠外科杂志，2020，23（3）：274-280.

[3] IKENAGA Y，KUSUNOKI T，YAMAGUCHI H. Percutaneous endoscopic gastrostomy reduces aspiration pneumonia rate in stroke patients with enteral feeding in convalescent rehabilitation wards. Prog Rehabil Med，2021，6：20210031.

[4] LYU J，SHI A，LI T，et al. Effects of enteral nutrition on patients with oesophageal carcinoma treated with concurrent chemoradiotherapy：a prospective，multicentre，randomised，controlled study. Front Oncol，2022，12：839516.

[5] MALLICK I，GUPTA S K，RAY R，et al. Predictors of weight loss during conformal radiotherapy for head and neck cancers—how important are planning target volumes?. Clin Oncol，2013，25（9）：557-563.

[6] TAJAN M，VOUSDEN K H. Dietary approaches to cancer therapy. Cancer Cell，2020，37（6）：767-785.

[7] WARBURG O. The chemical constitution of respiration ferment. Science，1928，68（1767）：437-443.

第四章 放射治疗前患者的营养管理

肿瘤患者在确定需要接受放射治疗时便应进入规范化的营养管理流程。在确定放射治疗至正式开始放射治疗这一时间窗内，患者的营养管理叫作放射治疗前营养管理，主要包括营养筛查、营养评估、营养不良的治疗与预防，见图 4-1。

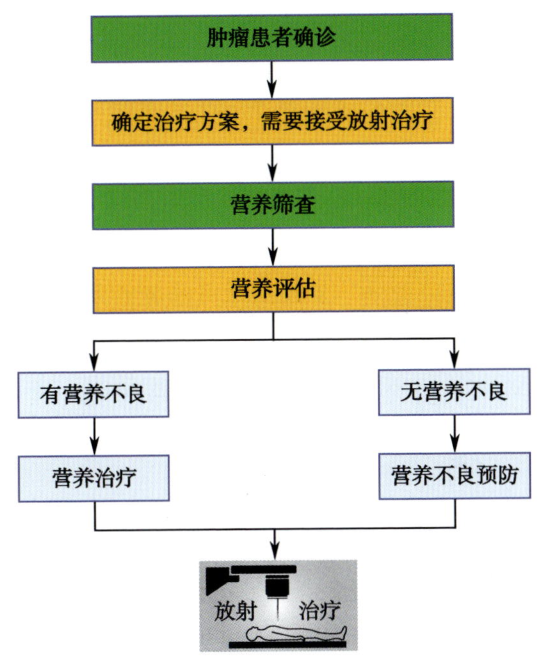

图 4-1　放射治疗前患者的营养管理流程

第一节　放射治疗前患者的营养筛查

一、营养筛查的定义、目的和内容

营养筛查是营养诊断的第一步，也是营养治疗的基础，是所有放射治疗患者均应进行的项目，被称为营养一级诊断。营养筛查的目的是在全部患者中快速发现营养风险和初步识别可能需要营养治疗的患者。营养筛查包括营养风险筛查、营养不良风险筛查及营养不良筛查三方面内容。

二、营养筛查的适用对象、实施时机和实施人员

美国医疗机构评审联合委员会规定：营养筛查是入院流程中必不可少的环节，无论体重或体质量指数如何，所有肿瘤患者应该在入院后24小时内常规进行营养筛查，以了解患者的营养状况。欧洲肠外肠内营养学会建议：肿瘤患者一经确诊，即应行营养筛查。肿瘤放射治疗患者也不例外，其营养筛查应在肿瘤诊断后立即进行。住院患者建议由办理入院手续的营养护士或营养师实施，门诊患者则由接诊医务人员如医师、营养师、护士等实施（表4-1）。

表4-1 营养筛查的适用对象、实施时机和实施人员

适用对象	实施时机	实施人员
所有肿瘤放射治疗患者	门诊患者：门诊就诊期间 住院患者：入院24小时内	门诊患者：接诊医务人员如医师、营养师、护士等 住院患者：营养护士或营养师

三、营养筛查的方法

营养筛查包括营养风险筛查、营养不良风险筛查和营养不良筛查三个方面的内容，具体筛查方法及工具特点见表4-2。

表4-2 不同营养筛查方法及工具特点

营养筛查方法	工具名称	筛查日的	筛查结果
营养风险筛查	NRS 2002	发现不利临床结局的风险	有营养风险，无营养风险
营养不良风险筛查	MUST、MST、NRI、MNA-SF	发现营养不良的风险	高、中、低营养不良风险或有、无营养不良风险
营养不良筛查	IBW、体重丢失率、BMI	发现营养不良，并对其进行分类	营养不良及其严重程度

注：NRS 2002，营养风险筛查2002；MUST，营养不良通用筛查工具；MST，营养不良筛查工具；NRI，营养风险指数；MNA-SF，微型营养评定简表；IBW，理想体重；BMI，体质量指数。

（一）营养风险筛查

1. **筛查工具** 目前尚无专门针对放射治疗患者的营养风险筛查工具。常用营养风险筛查2002（nutritional risk screening 2002，NRS 2002）对放射治疗患者进行营养风险筛查，见表4-3。

2. **筛查评分** NRS 2002总分=年龄调整分数+营养分数+疾病严重程度分数。NRS 2002评分总分为7分，根据评分结果判断营养风险。<3分为不存在营养风险，可直接进行放射治疗。≥3分为存在营养风险，而非营养不良，需行进一步的营养评估。

3. **筛查频率** 放射治疗前，建议每周至少对患者进行一次筛查。

表4-3 营养风险筛查2002(NRS 2002)

分类指标	分数/分	若"是"请打钩
一、疾病的严重程度		
● 正常营养需要量	0	
● 需要量轻度提高：髋关节骨折、慢性疾病有急性并发症者（肝硬化、慢性阻塞性肺疾病、血液透析、糖尿病、一般肿瘤患者）	1	
● 需要量中度增加：腹部大手术、脑卒中、重症肺炎、血液恶性肿瘤	2	
● 需要量明显增加：颅脑损伤、骨髓移植、APACHE>10分的重症监护病房患者	3	
二、营养状况指标（单选）		
● 正常营养状态	0	
● 3个月内体重丢失>5%或食物摄入比正常需要量低25%~50%	1	
● 一般情况差或2个月内体重丢失>5%，或食物摄入比正常需要量低50%~75%	2	
● BMI<18.5kg/m^{2}且一般情况差，或1个月内体重丢失>5%（或3个月体重下降15%），或者前一周食物摄入比正常需要量低75%~100%	3	
三、年龄	1	
● 年龄超过70岁者总分加1分，即年龄调整后总分值		
■ 营养风险筛查总分		
四、处理建议		
□总分≥3分：患者有营养不良的风险，需营养支持治疗		
□总分<3分：若患者将接受重大手术，则每周重新评估其营养状况		
评估者：	时间：	

注：BMI，体质量指数；APACHE，急性生理学和慢性健康状况评价。

（二）营养不良风险筛查

放射治疗患者营养不良风险筛查的常用工具包括营养不良通用筛查工具（malnutrition universal screening tool，MUST）、营养不良筛查工具（malnutrition screening tool，MST）、营养风险指数（nutritional risk index，NRI）或微型营养评定简表（mini-nutritional assessment short-form，MNA-SF）。

1. MUST 包括体质量指数、体重下降程度及疾病原因导致近期禁食时间3个方面的评分，结果分为低风险（0分）、中等风险（1分）和高风险（≥2分），见表4-4。

表4-4 营养不良通用筛查工具（MUST）评分表

项目	评分	得分/分
体质量指数/（$kg \cdot m^{-2}$）	>20	0
	18.5～20	1
	<18.5	2
体重下降程度	过去3～6个月体重下降<5%	0
	过去3～6个月体重下降5%～10%	1
	过去3～6个月体重下降>10%	2
疾病原因导致近期禁食时间	≥5日	2

2. MST 筛查内容包括体重下降及其程度、食欲下降两方面内容，筛查结果分为有风险（≥2分）与无风险（<2分），见表4-5。

表4-5 营养不良筛查工具（MST）评分表

项目	评分	得分/分
体重减轻	没有	0
	2～13磅	1
	14～23磅	2
	24～33磅	3
	34磅或更多	4
	不确定	2
食欲降低导致进食减少	没有	0
	有	1

注：1磅=0.45kg。

3. MNA-SF 老年人营养筛查的首选，共包括六个方面的内容，见表4-6。全表总分共计14分：分值≥11分，提示营养状况良好；分值<11分，提示营养不良。

4. NRI 计算公式为：NRI=10.7（ALB）+0.003 9（TLC）+0.11（Zn）−0.044（age）。其中ALB表示血清白蛋白，TCL表示淋巴细胞计数，Zn表示血清锌水平，age表示年龄。NRI>100表示无营养不良；>97.5～100表示轻度营养不良；

83.5～97.5 表示中度营养不良；<83.5 表示重度营养不良。

表 4-6 微型营养评定简表（MNA-SF）

项目及内容	评分标准	得分 / 分
A. 既往 3 个月内，是否因食欲下降、咀嚼或者吞咽等消化问题导致食物摄入减少？	严重的食欲减退	0
	中等程度食欲减退	1
	无食欲减退	2
B. 最近 3 个月内体重是否减轻？	体重减轻超过 3kg	0
	不确定	1
	体重减轻 1～3kg	2
	无体重下降	3
C. 活动情况如何？	卧床或长期坐着	0
	能离床或椅子，但不能出门	1
	能独立外出	2
D. 在过去 3 个月内是否受过心理创伤或罹患急性疾病？	是	0
	否	1
E. 是否有神经心理问题？	严重痴呆或抑郁	0
	轻度痴呆	1
	无心理问题	2
F（由于老年患者特殊性，常不易获得体质量指数，如卧床或昏迷患者，可用小腿围代替）		
F1. 体质量指数（kg/m^2）是多少？	小于 19	0
	19～21	1
	21～23	2
	≥23	3
F2. 小腿围（cm）是多少？	<31	0
	≥31	3

（三）营养不良筛查

营养不良的筛查方法有多种，可使用生化检验、体重、脂肪量及肌肉量等作为筛查指标。体重是放射治疗患者最主要的筛查方法之一，其中以理想体重（ideal body weight，IBW）、体重丢失率或体质量指数较为常用，具体方法见表 4-7。

表 4-7 体重筛查方法

筛查方法	筛查指标	筛查结果
理想体重法	实际体重 : 理想体重	（1）90%～109% 为适宜 （2）80%～<90% 为轻度营养不良 （3）70%～<80% 为中度营养不良 （4）60%～<70% 为重度营养不良

续表

筛查方法	筛查指标	筛查结果
体重丢失率法	体重丢失比例和速度	（1）6个月内体重非主观丢失>5%定义为体重丢失 （2）3个月内体重丢失>5%或任何时间体重丢失>10%为营养不良
体质量指数（BMI）法	BMI	（1）<18.5kg/m^{2}为低体重（营养不良） （2）18.5～<24kg/m^{2}为正常 （3）24～<28kg/m^{2}为超重 （4）≥28kg/m^{2}为肥胖

注意事项：临床上，实施营养筛查时并不需要采用上述所有方法对患者进行筛查，只需要选择上述方法中最适合患者的一种或几种即可。

（王 琛 王 皓 刘宇笛）

第二节 放射治疗前患者营养不良的预防

通过对肿瘤患者在放射治疗前进行营养筛查，患者可以被分为有营养风险和无营养风险。对于有营养风险的患者需要进行进一步的营养评估，而对于没有营养风险的患者，则需要做好放射治疗期间可能出现的营养不良的预防。

一、放射治疗前营养不良的预防的定义

营养不良的预防：以还未发生营养不良的人群为对象，以降低其营养不良发生率、严重程度和不良影响为目的的一种思维和方法。

放射治疗前患者营养不良的预防：针对暂未发生营养不良的肿瘤患者，在放射治疗开始前采取有效的方法，以降低放射治疗过程中及放射治疗后营养不良的发生率、严重程度及其对治疗及预后的不良影响的一种思维和方法。

二、放射治疗前营养不良的预防的实施人员和方法

（一）临床医师

临床医师在放射治疗前患者营养不良的预防中起着不可或缺的作用，主要体现在以下几个方面（图 4-2）：①早期识别营养不良危险因素和高危人群。②制订个体化放射治疗与综合治疗方案。③利用新的放射治疗技术减少营养相关放射治疗并发症。④利用现代信息技术预测和监测患者营养不良的发生。

（二）营养护士和临床营养师

营养护士和临床营养师在放射治疗患者营养管理中与患者和家属接触时间较多，在放射治疗前营养不良的预防中也起到至关重要的作用，主要工作内容包括以下几个方面（图 4-3）：①计算患者每日营养需求（目标能量和蛋白质量），评

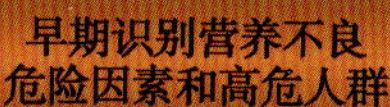

图 4-2 放射治疗前营养不良预防的实施人员和方法：临床医师

估患者每日摄入蛋白质和能量的总量和构成。当患者摄入量小于目标量或组成结构不合理时及时给予医师反馈并共同干预。②做好营养宣教，为患者和家属提供营养咨询和营养建议。③为患者提供营养相关的心理咨询和心理干预。

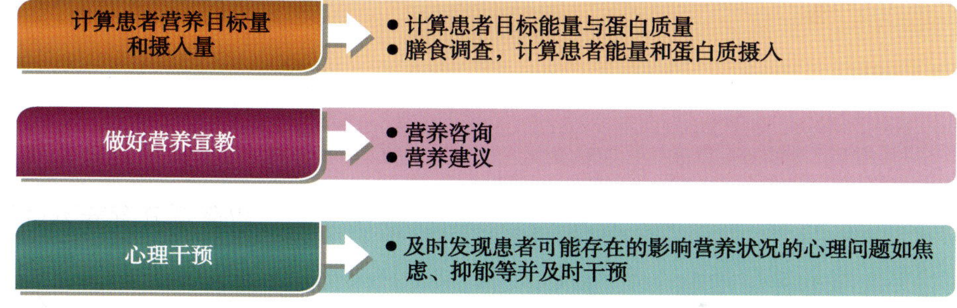

图 4-3 放射治疗前营养不良预防的实施人员和方法：营养护士和临床营养师

（三）患者和患者家属

由于受教育程度、年龄、饮食习惯、经济状况、疾病严重程度和心理状况等因素的不同，很多患者及家属缺乏营养相关认知，不了解营养不良的概念，营养知识少或不正确，营养管理依从性差，从而对患者的营养状况造成不良影响。因此，患者和患者家属在营养不良的预防中也发挥着不可取代的作用（图 4-4），包括以下内容：①接受放射治疗营养教育。通过定期参加放射治疗营养健康知识宣讲或咨询，摆脱旧的、错误的营养观念，纠正营养认知偏差，提高对放射治疗患者营养管理的重视程度，增强依从性，充分配合、执行医疗人员所制订的营养方案。②在接受放射治疗营养教育基础上，进行科学饮食。纠正不良饮食习惯，调节饮食方式，保证能量与蛋白质的摄入需求。例如：少食多餐、避免坚硬粗糙的食物、食用半流质饮食或少渣饮食等。

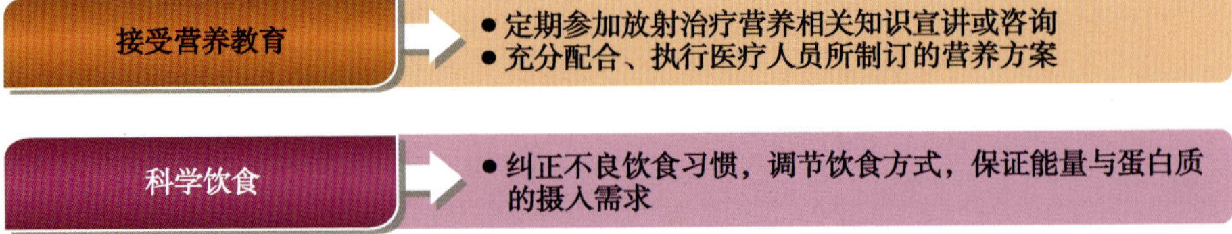

图 4-4　放射治疗前营养不良预防的实施人员和方法：患者和患者家属

（彭　冉　李学敏　潘诗怡）

第三节　放射治疗前患者的营养评估

对于放射治疗前营养筛查有风险的患者，需要进行营养评估以明确有无营养不良及其严重程度，也被称为营养二级诊断。

营养评估的方法包括营养评估量表、膳食调查、人体学测量及能量需求估算（图 4-5）。营养评估量表是最常用的营养评估方法，而膳食调查和人体学测量是经典的评估方法，能量需求估算则是最基本的评估方法。

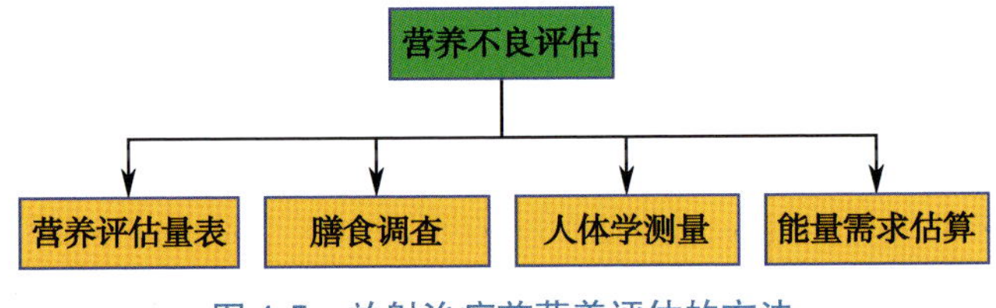

图 4-5　放射治疗前营养评估的方法

（一）营养评估量表

临床上营养评估量表以主观全面评定（subjective global assessment，SGA）、患者参与的主观全面评定（patient-generated subjective global assessment，PG-SGA）、微型营养评定（mini-nutritional assessment，MNA）和营养不良的全球领导倡议（global leadership initiative on malnutrition，GLIM）标准最为常用（图 4-6）。

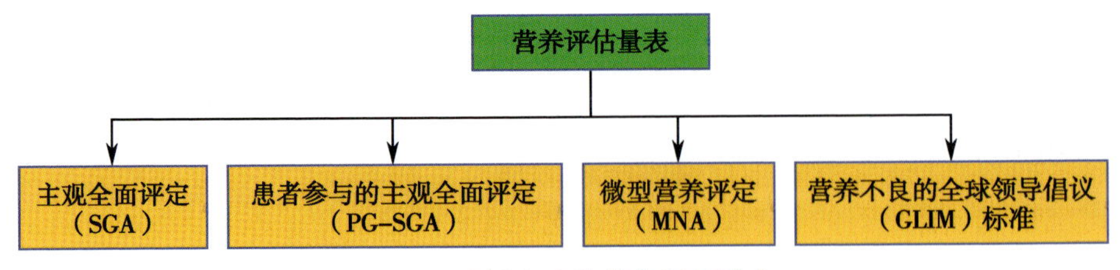

图 4-6　放射治疗前营养评估量表

1. **主观全面评定（SGA）**　是 20 世纪 80 年代初期建立的通用营养状况评估工具，是营养评估的“金标准”，广泛适用于门诊及住院、不同疾病及不同年龄患者的营养状况评估，其信度和效度已经得到大量验证，见表 4-8。

表 4-8 主观全面评定（SGA）营养评估表

指标	A 级，营养良好	B 级，轻中度营养不良	C 级，严重营养不良
近期体重改变①	无 / 升高	减少了 5% 以下	减少了 5% 以上
饮食改变	无	减少	不进食 / 低能量流食
胃肠道症状②	无 / 食欲减退	轻微恶心、呕吐	严重恶心、呕吐
活动能力改变	无 / 减退	能下床走动	卧床
应激反应③	无 / 低度	中度	高度
肌肉消耗	无	轻度	重度
肱三头肌皮褶厚度	正常（>8mm）	轻度减少（6.5～8mm）	重度减少（<6.5mm）
踝部水肿	无	轻度	重度

注：评价结果中，有 5 项以上属于 C 级或 B 级，可定为重度或中度营养不良。

①近期体重改变，考虑过去 6 个月或近 2 周的，若过去 5 个月变化显著，但近 1 个月无丢失或增加，或近 2 周经治疗后体重稳定，则体重丢失一项不予考虑。

②胃肠道症状至少持续 2 周，偶尔一两次不予考虑。

③应激参照，大面积烧伤、高烧或大量出血属高度应激，长期发热、慢性腹泻属中度应激，长期低烧或恶性肿瘤属低度应激。

2. **患者参与的主观全面评定（PG-SGA）** 是在 SGA 基础上发展而来的，是专门为肿瘤患者设计的一种有效的营养评估方法，也是肿瘤患者营养评估的首选方法。该方法得到美国营养师协会等学会的大力推荐，目前已经成为我国卫生行业标准。定量评估是 PG-SGA 的最大亮点。PG-SGA 由患者自我评估和医务人员评估两部分组成，具体内容包括体重、进食情况、症状、活动和身体功能、疾病与营养需求的关系、代谢需求、体格检查 7 个方面。

（1）患者自评表：PG-SGA 量表中患者自我评估内容包括体重、进食情况、症状、活动和身体功能 4 个方面，将上述 4 个方面的评估结果相加即为 A 评分，见表 4-9。

表 4-9 患者自评表

评价指标	评价内容	本项得分
体重	目前我的体重约为____kg 目前我的身高约为____cm 1 个月前体重约为____kg 6 个月前体重约为____kg 在过去的 2 周，我的体重： 减轻（1）、没变化（0）、增加（0）	

续表

评价指标	评价内容	本项得分
进食情况	在过去1个月里，我的进食情况与平时相比： 没变化(0)、比以往多(0)、比以往少(1) 我目前进食： 正常饮食(0)、正常饮食但比正常情况少(1)、少量固体食物(2)、只能进食流食(3)、只能口服营养制剂(3)、几乎吃不下什么(4)、只能通过管饲进食或静脉营养(0)	
症状	近2周来，我有以下问题，影响我的进食： 吃饭没有问题(0)、没有食欲不想吃(3)、恶心(1)、呕吐(3)、便秘(1)、口腔溃疡(2)、腹泻(3)、口干(1)、觉得食品没味(1)、吞咽困难(2)、疼痛(3)、觉得食品气味不好(1)、一会儿就饱了(1)、其他(如抑郁，经济，牙齿)(1)	
活动和身体功能	在过去的1个月，我的活动正常，无限制(0) 不像往常，但还能起床进行轻微的活动(1) 多数时候不想起床活动，但卧床或坐椅子的时间不超过半日(2) 几乎干不了什么，一日大多数时候都卧床或在椅子上(3) 几乎完全卧床，无法起床(3)	

（2）医务人员评估表：医务人员评估内容包括疾病与营养需求的关系、代谢方面的需要、体格检查3个方面，分别为B、C、D评分，见表4-10。

表4-10 医务人员评估表

指标	内容	得分
合并疾病（表4-11）	相关诊断（特定） 原发疾病的分期 年龄____岁	B评分
应激（表4-12）	是否发热、激素使用状况	C评分
体格检查（表4-13）	脂肪储备、肌肉状况、液体状况	D评分

表4-11 合并疾病

疾病	评分/分
癌症	1
获得性免疫缺陷综合征	1
呼吸或心脏病恶病质	1
存在开放性伤口或肠瘘或压疮	1
创伤	1
年龄超过65岁	1
总分	

表 4-12 应激

应激	无（0分）	轻（1分）	中（2分）	重（3分）
发热	无	37.2～38.3℃	>38.3～38.8℃	>38.8℃
发热持续时间	无	<72小时	72小时	>72小时
是否用激素（泼尼松）	无	低剂量（每日<10mg泼尼松或相当剂量其他激素）	中剂量（每日10～30mg泼尼松或相当剂量其他激素）	大剂量（每日>30mg泼尼松或相当剂量其他激素）
总分				

表 4-13 体格检查

项目		0分	1分	2分	3分
脂肪储备	眼眶脂肪垫				
	肱三头肌皮褶厚度				
	下肋脂肪厚度				
总体脂肪缺乏程度评分					
肌肉状况	颞部（颞肌）				
	锁骨部位（胸部三角肌）				
	肩部（三角肌）				
	骨间肌肉				
	肩胛部（背阔肌、斜方肌、三角肌）				
	大腿（股四头肌）				
	小腿（腓肠肌）				
总体肌肉消耗评分					
液体状况	踝水肿				
	骶部水肿				
	腹水				
总体水肿程度评分					
本项总分					

（3）PG-SGA 量表总体评估

定性评价：按多数项目得分确定患者 PG-SGA 的最终定性评价，定性评价将患者分为营养良好（A）、可疑或中度营养不良（B）、重度营养不良（C）3 类。见表 4-14。

表 4-14 患者参与的主观全面评定（PG-SGA）：定性评价

分类	A（营养良好）	B（可疑或中度营养不良）	C（重度营养不良）
体重	无丢失或无水肿或近期明显改善	1个月内丢失不超过5%（或6个月丢失不超过10%）或体重持续下降	1个月内体重丢失超过5%（或6个月丢失超过10%）或体重持续下降
营养摄入	无缺乏或近来显著改善	摄入明显减少	摄入重度降低
营养相关症状	没有或近期显著改善	存在相关症状	存在明显的症状
功能	无缺陷或近期明显改善	中度功能缺陷或近期加重	重度功能缺陷或显著的进行性加重
体格检查	无缺陷或慢性缺陷但近期有临床改善	轻到中度的体脂/肌肉丢失	显著的营养不良指征，包括水肿
总评价			

PG-SGA定性评价与定量评价的关系密切，见表4-15。

表 4-15 患者参与的主观全面评定（PG-SGA）：定性评价与定量评价的关系

等级	定性评价	定量评价
PG-SGA A	营养良好	0～1分
PG-SGA B	可疑或中度营养不良	2～8分
PG-SGA C	重度营养不良	≥9分

患者PG-SGA最终得分=A评分+B评分+C评分+D评分，根据PG-SGA总得分将患者分为如下4类：0～1分，2～3分，4～8分，≥9分。根据得分不同，对患者进行分类指导治疗。

3. **微型营养评定（MNA）** 是专门为老年人开发的营养筛查与评估工具，第一步为营养筛查，第二步为营养评估。MNA比SGA更适合于65岁以上老年人，其优点是简便易行，不需进一步的侵袭性检查。MNA主要用于社区居民，也适用于住院患者及家庭照护患者，见表4-16。

表 4-16 微型营养评定（MNA）量表

指标	分值			
筛查部分				
近3个月体重丢失	>3kg，0分	不知道，1分	1～3kg，2分	无，3分
体质量指数	<19kg/m^2，0分	19～<21kg/m^2，1分	21～<23kg/m^2，2分	≥23kg/m^2，3分
近3个月有应激或急性疾病	否，0分	是，2分		

续表

指标	分值			
活动能力	卧床，0分	能活动，但不愿意，1分	外出活动，2分	
精神疾病	严重痴呆抑郁，0分	轻度痴呆，1分	没有，2分	
近3个月有食欲减退、消化不良、咀嚼吞咽困难等	食欲严重减退，0分	食欲轻度减退，1分	无这些症状，2分	
评估部分				
独立生活（无护理或不住院）	否，0分	是，1分		
每日应用处方药超过3种	否，0分	是，1分		
褥疮或皮肤溃疡	否，0分	是，1分		
每日可以吃几餐完整的餐食	1餐，0分	2餐，1分	3餐，2分	
蛋白质摄入情况：①每日至少一份奶制品？②每周两次或以上蛋类？③每日是否有肉、鱼或家禽摄入？	0或1个是，0分	2个是，0.5分	3个是，1分	
每日食用两份或两份以上蔬菜或水果	否，0分	是，1分		
每日饮水量（水、果汁、茶、咖啡、奶等）	<3杯，0分	3～5杯，0.5分	>5杯，1分	
进食能力	无法独立进食，0分	独立进食稍有困难，1分	完全独立进食，2分	
自我评定营养状况	营养不良，0分	不能确定，1分	营养良好，2分	
与同龄人相比，你如何评价自己的健康状况	不太好，0分	不知道，0.5分	好，1分	非常好，2分
中臂围	<21cm，0分	21～<22cm，0.5分	≥22cm，1分	
腓肠肌围	<31cm，0分	≥31cm，1分		

注：总分≥24分，提示营养状况良好；17～<24分，提示存在营养不良的风险；<17分，明确为营养不良。

4. 营养不良的全球领导倡议（GLIM） 主要是由美国胃肠外营养和肠内营养协会（ASPEN）、欧洲肠外肠内营养学会（ESPEN）、拉丁美洲营养和代谢协会（FELANPE）、亚洲胃肠外和肠内营养协会（PENSA）牵头联合制订的一种通用性营养评估工具，评估内容较少，因而更加简便，更适用于一般住院患者，其信度和效度正在接受多方面验证。

（二）膳食调查

膳食调查的方法很多，以膳食调查软件及24小时回顾法较为常用。通过膳食调查，可以计算患者每日的能量及各营养素摄入量，有助于了解患者营养不良的原因及营养不良的类型（能量缺乏型、蛋白质缺乏型及混合型）。膳食调查软件的开发使膳食调查变得更加容易、更加准确。

丛明华等根据肿瘤患者饮食规律，将患者常见饮食模式量化并进行1～5分的打分。由于我国地域广阔，各地域主食偏好不同的特点，自评表分别设计了3个版本：北方版（主食为米、面食均包含），西北版（主食为面食），江南版（主食为大米），并对每个评分对应的主要特征进行了说明。见图4-7～图4-10。

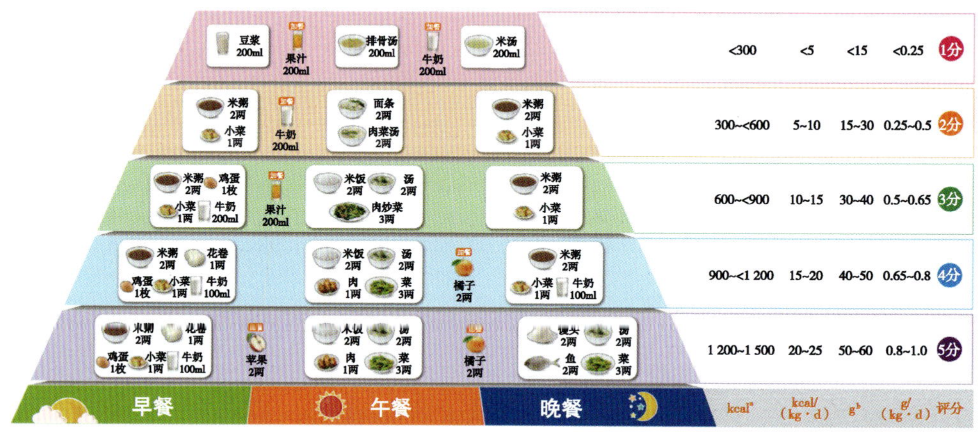

图4-7 膳食简明量表（北方版）

1两=50g。a. 每日总能量；b. 每日总蛋白质。

（三）人体学测量

人体学测量包括身高、体重、BMI、非利手上臂中点周径、上臂肌肉周径、肱三头肌皮褶厚度、双小腿最大周径等。

（四）能量需求估算

能量需求估算包括静息能量消耗（resting energy expenditure，REE）、基础能量消耗（basal energy expenditure，BEE）、总能量消耗（total energy expenditure，TEE）。REE常用拇指法则或公式法计算，后者以Harris-Benedict方程式最为经典，目前推荐Mifflin-St Jeor公式，见图4-11。

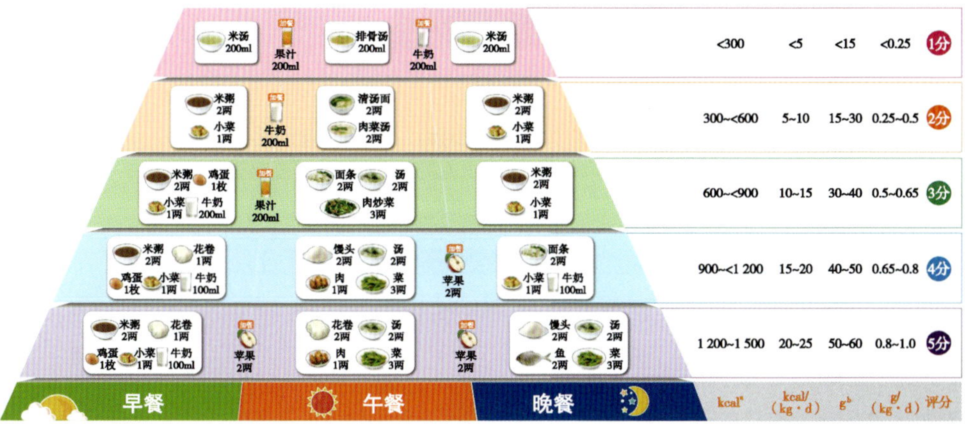

图 4-8 膳食简明量表(西北版)

1 两 =50g。a. 每日总能量; b. 每日总蛋白质。

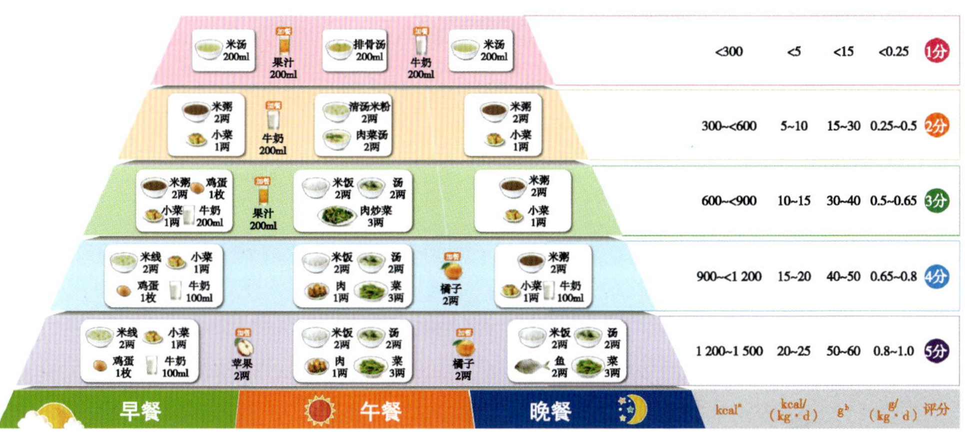

图 4-9 膳食简明量表(江南版)

1 两 =50g。a. 每日总能量; b. 每日总蛋白质。

评分	能量/kcal			
1	<300	三餐清流食		无肉、缺油
2	300~<600	三餐半流食		无肉、缺油
3	600~<900	一餐正常餐	两餐清淡半流食	基本无肉、少油
4	900~<1 200	两餐正常餐	一餐半流食	少肉、少油
5	1 200~1 500	三餐正常餐		主食、肉、蛋、奶、菜、油脂充足

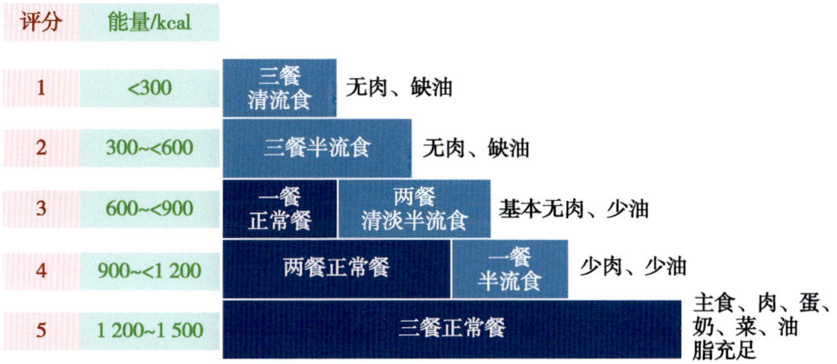

图 4-10 简明膳食自评表主要特征

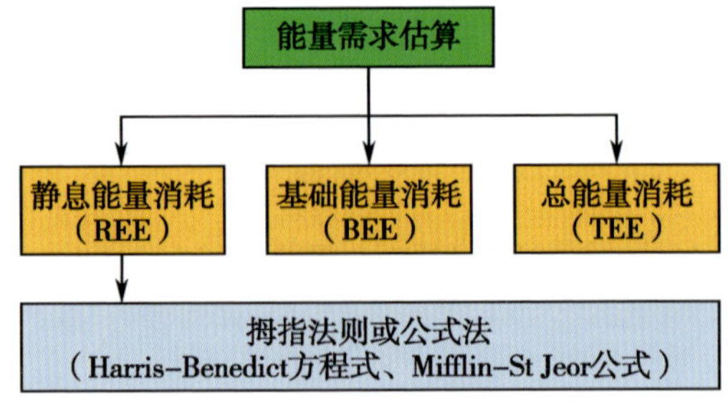

图 4-11 能量需求估算方法

（彭 冉 王玉霞 刘宇笛）

第四节 放射治疗前患者营养不良的治疗

对于放射治疗前营养筛查有风险的患者，进一步进行营养评估，当患者被评估为营养不良（PG-SGA≥2 分）时，则需要对患者进行营养治疗。但什么时候开始营养治疗、营养治疗的持续时间，以及营养治疗和放射治疗的联合模式等则需要进行综合考虑，规范化选择治疗路径。

一、放射治疗前患者营养不良的治疗路径

根据《恶性肿瘤放疗患者营养治疗专家共识》推荐，恶性肿瘤放射治疗患者放射治疗前应该常规进行营养状况评估，根据 PG-SGA 评分选择营养治疗路径。无营养不良者（PG-SGA 0～1 分），不需要营养治疗，直接进行放射治疗；可疑营养不良者（PG-SGA 2～3 分），在营养教育的同时，实施放射治疗；中度营养不良者（PG-SGA 4～8 分），在营养治疗的同时实施放射治疗；重度营养不良者（PG-SGA≥9 分），应该先进行营养治疗 1～2 周，然后在继续营养治疗的同时进行放射治疗（图 4-12）。

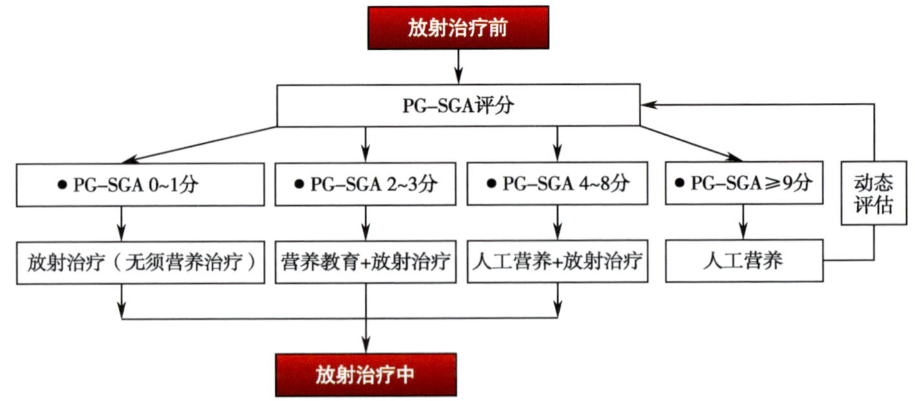

图 4-12 放射治疗前营养不良的治疗路径
PG-SGA. 患者参与的主观全面评定。

二、放射治疗前患者营养不良的治疗途径

营养治疗的途径选择应该遵循“五阶梯原则”。首先选择营养教育和饮食指导，合理经口进食，在强化饮食指导仍无法经口摄入足够营养时，鼓励口服营养补充（oral nutritional supplement，ONS）；对自主经口进食受限者，应积极开放并维持经口进食通路；口服不足或不能时，用管饲补充或替代；管饲仍然不能满足营养需求时，应加用肠外营养（parenteral nutrition，PN）以补充肠内营养（enteral nutrition，EN）的不足；完全不能 EN 时使用全肠外营养（total parenteral nutrition，TPN）（图 4-13）。

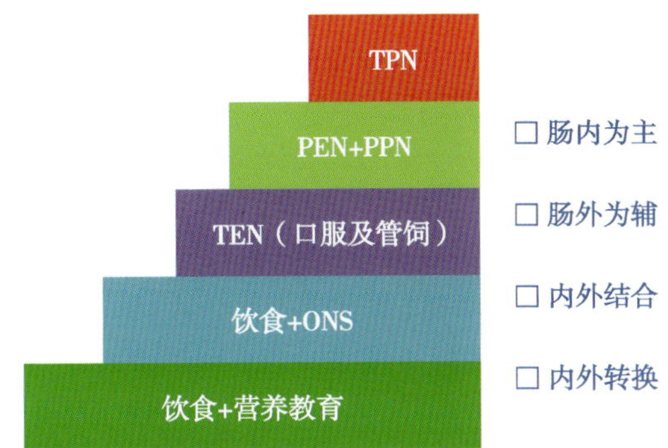

图 4-13 放射治疗前营养不良的治疗“五阶梯原则”
ONS. 口服营养补充；TEN. 全肠内营养；PEN. 部分肠内营养；PPN. 部分肠外营养；TPN. 全肠外营养。

三、放射治疗前患者营养不良的治疗方法

放射治疗前患者营养不良的治疗方法，如营养通路选择、营养素的选择、营养治疗的实施、营养治疗疗效评价、营养方案调整和质量控制等，详见本书第五章内容。

（刘宇笛）

推荐阅读资料

[1] 何冰沁，凌轶群，丁慧萍，等. 直肠癌患者术后放疗期间营养状态与机体组成成分的相关性分析. 中国临床医学，2022，29（4）：638-641.

[2] 梁晓一. 认知行为干预对头颈部肿瘤放射治疗患者营养、情绪与行为的影响研究. 广州：暨南大学，2020.

[3] 石汉平. 恶性肿瘤病人营养诊断及实施流程. 中国实用外科杂志，2018，38（3）：257-261.

[4] 斯彩娟，王卫光，洪秀芳，等. NRS 2002、SGA 在恶性肿瘤住院患者营养筛查与评估中的应用. 浙江医学，2021，43（11）：1192-1195.

[5] 殷鸿，邓明珍，王益芳，等. 三种营养筛查工具对食管癌患者营养不良的评价比较. 肿瘤预防与治疗，2021，34（2）：127-132.

[6] 中国抗癌协会肿瘤营养专业委员会. 2021 年度肿瘤营养学科研究进展和未来发展方向. 肿瘤代谢与营养电子杂志，2022，9（4）：445-449.

[7] DEGENS J H R J，DINGEMANS A C，WILLEMSEN A C H，et al. The prognostic value of weight and body composition changes in patients with non-small-cell lung cancer treated with nivolumab. J Cachexia Sarcopenia Muscle，2021，12（3）：657-664.

[8] DOHOPOLSKI M，WANG K，MORGAN H，et al. Use of deep learning to predict the need for aggressive nutritional supplementation during head and neck radiotherapy. Radiother Oncol，2022，171：129-138.

[9] HOUSE M，GWALTNEY C. Malnutrition screening and diagnosis tools：implications for practice. Nutr Clin Pract，2022，37（1）：12-22.

[10] HSUEH S W，LAI C C，HUNG C Y，et al. A comparison of the MNA-SF，MUST，and NRS-2002 nutritional tools in predicting treatment incompletion of concurrent chemoradiotherapy in patients with head and neck cancer. Support Care Cancer，2021，29（9）：5455-5462.

[11] JENSEN G L，CEDERHOLM T，CORREIA M I T D，et al. GLIM criteria for the diagnosis of malnutrition：a consensus report from the global clinical nutrition community. J Parenter Enteral Nutr，2019，43（1）：32-40.

[12] LÖSER A，RAMKE K，GROHMANN M，et al. The impact of nutritional counseling on thyroid disorders in head and neck cancer patients after（chemo）radiotherapy：results from a prospective interventional trial. Strahlenther Onkol，2022，198（2）：135-148.

[13] MUSCARITOLI M，ARENDS J，BACHMANN P，et al. ESPEN practical guideline：clinical nutrition in cancer. Clin Nutr，2021，40（5）：2898-2913.

[14] RUAN X L，NAKYEYUNE R，SHAO Y，et al. Nutritional screening tools for adult cancer patients：a hierarchical Bayesian latent-class meta-analysis. Clin Nutr，2021，40（4）：1733 1743.

[15] SALTAOURAS G，LIGHTOWLER H，COE S，et al. Diet and nutrition in patients who have received pelvic radiotherapy：a mixed-methods study to explore dietary habits，nutritional awareness，and experiences of nutritional care. Nutrition，2021，89：111309.

[16] SERON-ARBELOA C，LABARTA-MONZON L，PUZO-FONCILLAS J，et al. Malnutrition screening and assessment. Nutrients，2022，14（12）：2392.

[17] SKIPPER A，COLTMAN A，TOMESKO J，et al. Position of the academy of nutrition and dietetics：malnutrition（undernutrition）screening tools for all adults. J Acad Nutr Diet，2020，120（4）：709-713.

[18] SOBRINI P，SANCHEZ-CASTELLANO C，CRUZ-JENTOFT A J. MNA-SF as a screening tool for malnutrition diagnosed with the glim criteria in older persons with cancer. Eur Geriatr Med，2021，12（3）：653-656.

[19] SONG C H，CAO J J，ZHANG F，et al. Nutritional risk assessment by scored patient-generated subjective global assessment associated with demographic characteristics in 23，904 common malignant tumors patients. Nutr Cancer，2019，71（1）：50-60.

[20] TUNZI L，FUNK T，BROWN T，et al. Optimal frequency of individualised nutrition counselling in patients with head and neck cancer receiving radiotherapy：a systematic review. J Hum Nutr Diet，2022，35（1）：223-233.

[21] VIANA J N，EDNEY S，GONDALIA S，et al. Trends and gaps in precision health research：a scoping review. BMJ Open，2021，11（10）：e56938.

[22] WANG P R，ZHENG X，LUO Z，et al. Perceptions and experiences of nutritional management needs for patients with esophageal cancer during the peri-radiotherapy period：a qualitative study. Asia Pac J Oncol Nurs，2022，9（4）：202-209.

[23] WANG Y J，ZHAO D，LU Q，et al. Nutritional counseling was insufficient to maintain dietary intake and nutritional status in head and neck cancer patients undergoing radiotherapy：a historical control study for future intervention in China. Asia Pac J Oncol Nurs，2022，9（4）：190-196.

[24] XIANG L，RONG J F，PANG H W，et al. Nutritional outcomes after radiotherapy target volume reduction for nasopharyngeal cancer：a phase Ⅲ trial. Future Oncol，2020，16（9）：427-437.

[25] XIE B X，SUN Y F，SUN J，et al. Applicability of five nutritional screening tools in Chinese patients undergoing colorectal cancer surgery：a cross-sectional study. BMJ Open，2022，12（5）：e57765.

[26] YANG K，OH D，NOH J M，et al. Feasibility of an interactive health coaching mobile app to prevent malnutrition and muscle loss in esophageal cancer patients receiving neoadjuvant concurrent chemoradiotherapy：prospective pilot study. J Med Internet Res，2021，23（8）：e28695.

第五章 放射治疗中患者的营养管理

放射治疗中患者的营养管理是指患者从第一次放射治疗开始到最后一次放射治疗结束这个时间段的营养管理。放射治疗虽一方面可降低肿瘤负荷、减轻肿瘤压迫和梗阻，改善患者营养摄入和营养状况，但另一方面也可能因导致味觉障碍、放射性口腔黏膜炎、放射性口干、放射性食管炎、放射性肠炎等，影响患者营养摄入、吸收、消化和代谢的过程，最终导致严重营养不良的发生。反过来，营养不良会对放射治疗患者造成不良影响，如降低摆位精确性、增加放射治疗不良反应、降低放射敏感性等。由于放射治疗和营养不良存在上述相互影响，所以对放射治疗中的肿瘤患者进行规范、有效的营养管理具有重要意义。

第一节 放射治疗中患者的营养评估

一、放射治疗中患者的营养评估

在放射治疗前，对肿瘤患者进行营养评估通常采用 PG-SGA 量表，可以有效发现患者营养不良及严重程度。然而，在放射治疗过程中，随着放射治疗次数增加和放射治疗剂量累积，患者可能会出现不同程度急性放射性损伤。这些急性放射性损伤可能会对患者的食欲、吞咽、消化、吸收、代谢等造成负面影响，进而导致营养不良发生。急性放射性损伤的发生和严重程度是患者营养不良的影响因素和预测指标，因此将其与 PG-SGA 量表联合用于放射治疗中患者的营养评估，有助于更早期发现患者的营养不良风险，从而提前进行营养干预。推荐在放射治疗过程中，对患者动态开展 PG-SGA 联合美国肿瘤放射治疗协作组（Radiation Therapy Oncology Group，RTOG）急性放射损伤分级的评估（图 5-1）。

二、根据评估结果确定患者放射治疗和营养治疗的综合路径

在放射治疗中，通过动态评估 PG-SGA 联合急性放射损伤分级，有助于临床医师合理判断患者是否需要进行营养治疗，以及患者的放射治疗是否需要暂停或重新开始。当患者的综合评分为无营养不良者（PG-SGA 0～1 分或者 RTOG 急性损伤评分 0 级），不需要营养治疗，可开始 / 继续进行放射治疗；可疑营养不

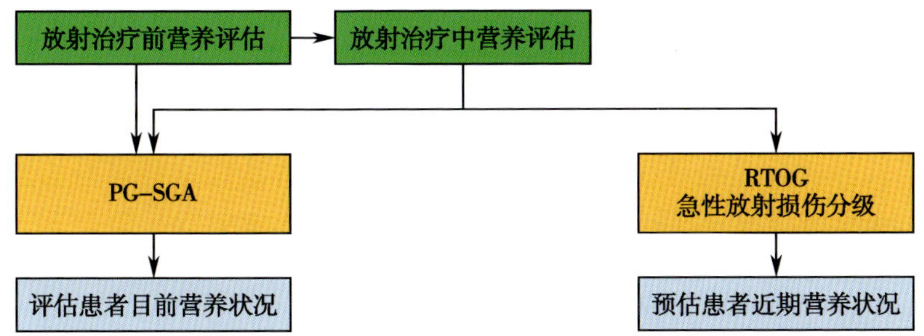

图 5-1　放射治疗中患者的营养评估

PG-SGA. 患者参与的主观全面评定；RTOG. 美国肿瘤放射治疗协作组。

良者（PG-SGA 2～3 分或者 RTOG 急性损伤评分 1 级），在营养教育的同时，开始 / 继续实施放射治疗；中度营养不良者（PG-SGA 4～8 分或者 RTOG 急性损伤评分 2 级），需要在给予人工营养的同时开始 / 继续实施放射治疗；重度营养不良者（PG-SGA≥9 分或者 RTOG 急性损伤评分≥3 级），暂不开始 / 暂停放射治疗，应该先考虑进行人工营养。具体联合评估方法见图 5-2。

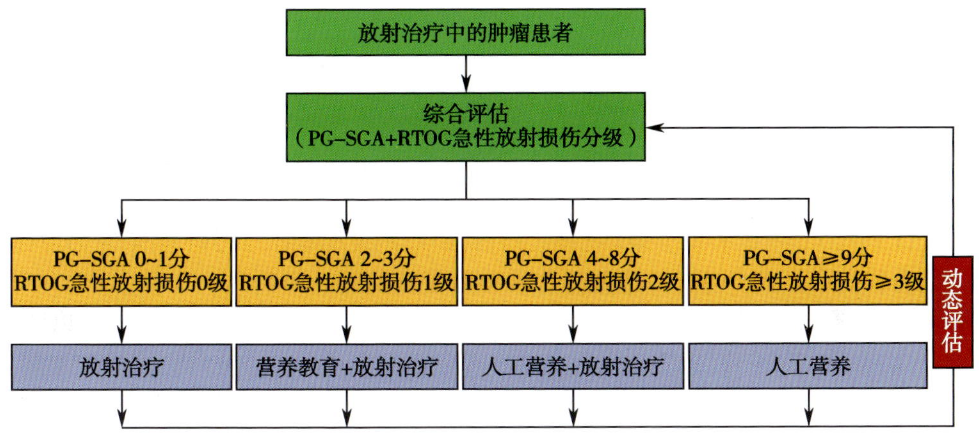

图 5-2　放射治疗与营养治疗综合路径

PG-SGA. 患者参与的主观全面评定；RTOG. 美国肿瘤放射治疗协作组。

（王玉霞　王　皓　潘诗怡）

第二节　放射治疗中患者的营养方案

对于需要接受营养治疗的放射治疗患者，一个全面而科学的营养方案是患者营养治疗有效的前提保障。制订营养方案时需要考虑营养治疗途径、营养治疗通路、营养素几个方面。

一、营养治疗途径

（一）肠内营养和肠外营养的定义

根据营养成分是否经由肠道吸收进入人体，营养治疗途径可分为肠内营养（enteral nutrition，EN）及肠外营养（parenteral nutrition，PN）。

1. **肠内营养** 指经胃肠道途径提供人体营养代谢所需的营养物质，以补充饮食摄入不足或替代经口饮食。

2. **肠外营养** 指经静脉为无法经胃肠道摄取营养物或摄取不能满足自身代谢需要的患者提供包括氨基酸、脂肪、碳水化合物、维生素及矿物质在内的营养素。全肠外营养（total parenteral nutrition，TPN）是指所有营养素完全经肠外获得。补充性肠外营养（supplementary parenteral nutrition，SPN）是指部分营养物质由肠内营养供给，部分通过肠外营养补充。

（二）肠内营养和肠外营养的优缺点

1. **肠内营养**

（1）优点：可以明显改善患者营养状况，促进肠黏膜的增殖，维护肠黏膜屏障，维持肠道微生态平衡，减少肠道细菌移位。相对于肠外营养，肠内营养更符合人体营养素吸收的生理过程，且并发症少、成本更低。

（2）缺点：受患者食欲、消化道通畅性和功能完整性的影响较大，在消化道完全梗阻、严重放射性肠炎、严重消化吸收障碍、消化道大出血及休克等患者中无法实施。

2. **肠外营养**

（1）优点：营养素较全面，直接经静脉系统提供人体必需的氨基酸、脂肪、碳水化合物等必需营养素，不受患者食欲和消化道功能的影响。

（2）缺点：可能发生静脉导管相关并发症、代谢性并发症及器官功能损害并发症等严重不良反应。可能因肠道缺乏食物的刺激而导致肠黏膜的萎缩、肠蠕动减慢，使整个肠道的形态和功能出现异常，肠道细菌移位。另外，与肠内营养相比，肠外营养费用比较高。

（三）肠内营养和肠外营养的适应证

只要放射治疗患者消化道有功能，肠内营养是首选的营养治疗途径，不推荐放射治疗患者常规性使用肠外营养。当放射治疗患者出现肠内营养禁忌（如消化道严重梗阻、重度放射性胰腺炎、放射性肝炎、放射性肠炎等），或者肠内营养无法满足目标营养量时，考虑给予部分或全肠外营养。肠内肠外营养适应证见图 5-3。

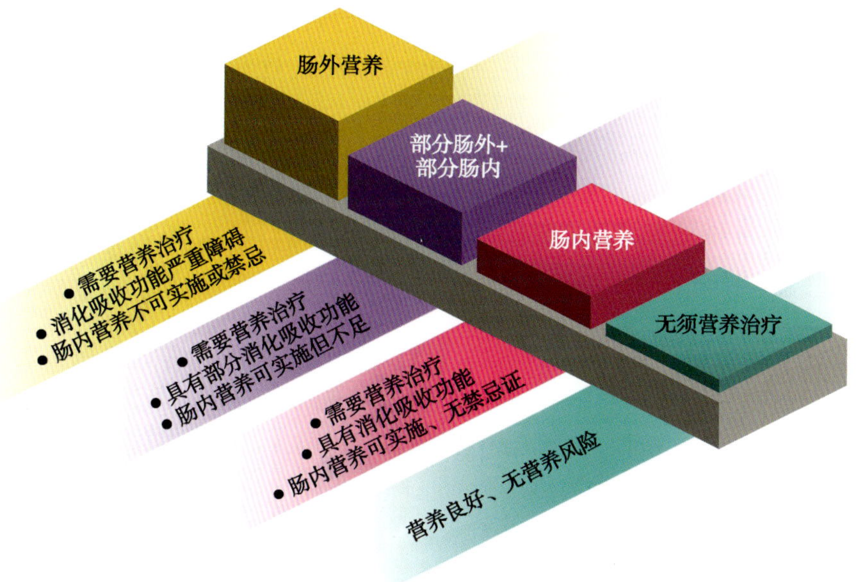

图 5-3　放射治疗中患者肠内肠外营养适应证

二、营养治疗通路

（一）营养治疗通路的定义及分类

营养治疗通路是营养物质进入人体内的通道，是肠内营养和肠外营养得以实现的必备条件。按照营养途径来分，营养治疗通路可以分为肠内营养通路和肠外营养通路，见图 5-4。

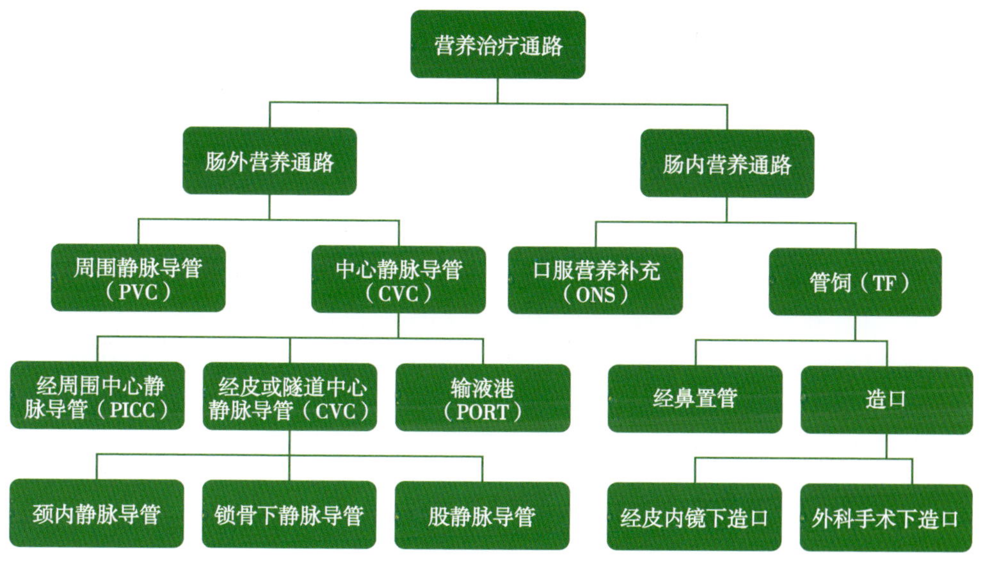

图 5-4　肠内与肠外营养通路的分类

1. 肠内营养通路 肠内营养通路可以分为自然的、符合生理的口服通路和人工安置的管饲通路两大类。管饲（tube feeding，TF）是指通过置入营养管进行肠内营养的途径，管饲途径从置管入口可以分为经鼻置管、咽造口置管、胃造口及空肠造口置管等，从营养管末端所在的部位又可分为胃管和肠管。

2. 肠外营养通路 肠外营养主要指经静脉输液的方式输入营养物质，也包含采用腹腔、骨髓腔等其他途径输注液体的方式。如果患者所需的营养物质全部经肠外供给，则称为全肠外营养（TPN）。

（二）营养通路的选择

1. 肠内营养通路的选择 放射治疗中患者的肠内营养通路选择建议遵循“四阶梯原则”（图 5-5）。当下一阶梯无法满足患者营养需要或无法实施时，则选择上一阶梯的治疗途径。例如，患者经过综合评价后需进行肠内营养，则优先考虑口服营养补充，如营养需求不能满足则要通过管饲通路进行肠内营养。管饲应优先考虑经鼻管饲，营养摄入不能满足或者需要长期人工喂养则使用经皮内镜下胃 / 空肠造口术（PEG/PEJ），以上途径不能满足患者基本营养摄入时才启动部分肠外营养。

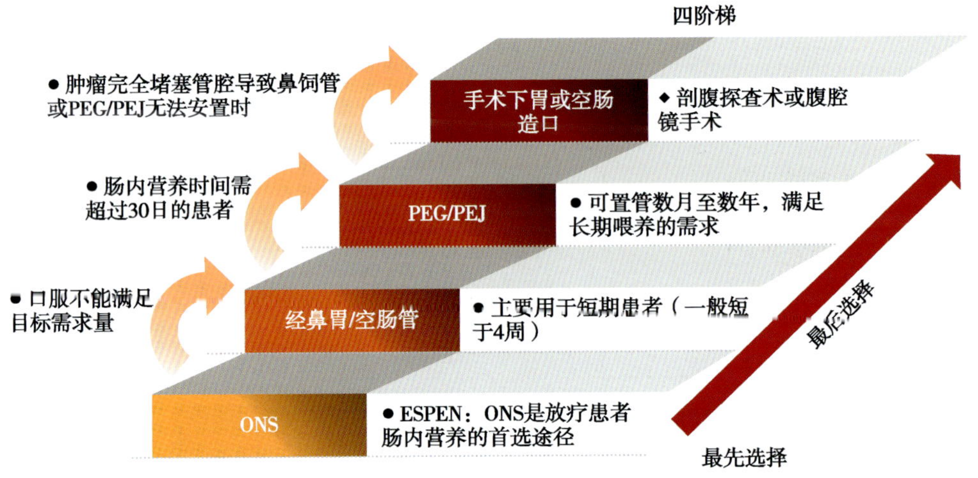

图 5-5 肠内营养四阶梯原则

PEG/PEJ. 经皮内镜下胃 / 空肠造口术；ESPEN. 欧洲肠外肠内营养学会；ONS. 口服营养补充。

2. 肠外营养通路的选择 对于需要进行肠外营养的患者，如预计患者肠外营养时间较短（<2 周），且输注的肠外营养液渗透压低于 900mOsm/（L·H_2O），可考虑周围静脉导管。如患者预计肠外营养输注时间≥2 周，或患者输注肠外营养液渗透压较高［>900mOsm/（L·H_2O）］，则推荐选择中心静脉通路，见图 5-6。

3. 放射治疗患者营养通路选择的特殊性

（1）放射野与营养通路的选择：放射治疗会导致患者置管部分的皮肤黏膜损伤，导致进管部位水肿、感染及出血等副反应，所以选择营养通路时需充分考虑放射治疗副反应的影响，见表 5-1。

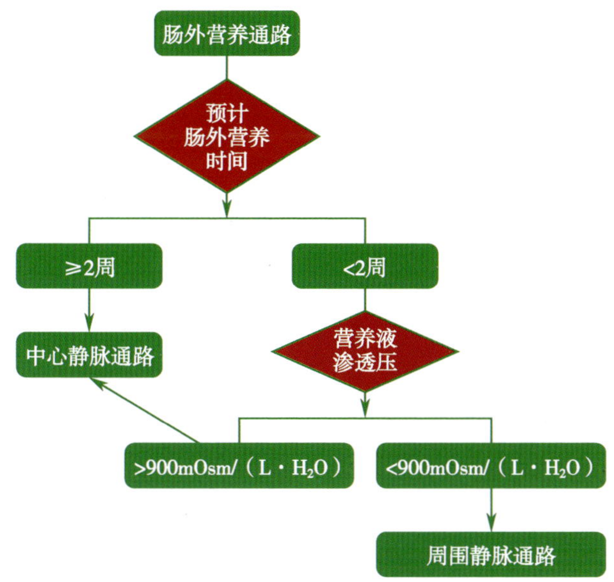

图 5-6　肠外营养通路的选择

表 5-1　放射野与营养通路的选择

序号	放射治疗部位	不建议置管部位
1	头颈部肿瘤 - 颈部区域放射治疗	颈内静脉导管
2	头颈部 / 胸部 / 乳腺肿瘤 - 锁骨上区域放射治疗	锁骨下静脉导管
3	腹盆腔肿瘤 - 腹股沟区域放射治疗	股静脉导管
4	骨软组织肿瘤 - 四肢区域放射治疗	四肢静脉置管

（2）放射治疗过程中营养通路的动态调整：在放射治疗过程中，肠内营养通路的选择需要与肿瘤和放射治疗毒副反应的变化相适应，所以需要根据患者情况动态调整营养通路。例如，在放射治疗过程中原本阻塞消化道的肿瘤消退，可以考虑将管饲更换为口服营养补充（图 5-7）。

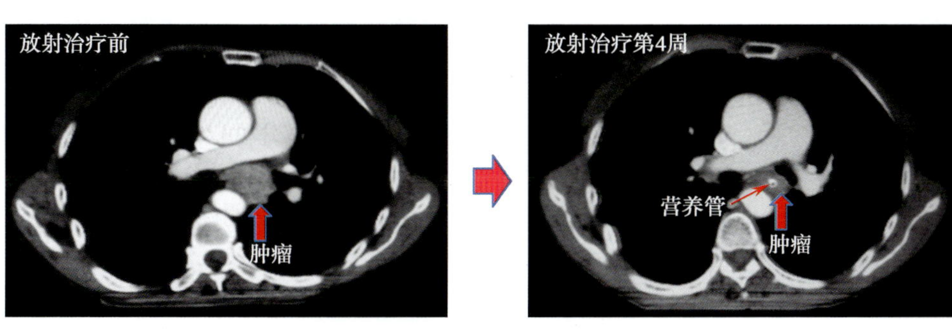

图 5-7　放射治疗过程中营养通路调整（管饲→口服营养补充）

另一方面，随着放射治疗副反应（食管水肿、梗阻加重等症状）的出现，也可以考虑将原先的口服营养补充更换为管饲（图 5-8）。由于放射治疗患者的特殊性，不建议在患者放射治疗前进行支架置入，一项前瞻性研究发现放射治疗前进行支架置入会引起食管穿孔、支架移位等严重并发症，并不能提高患者营养状况。

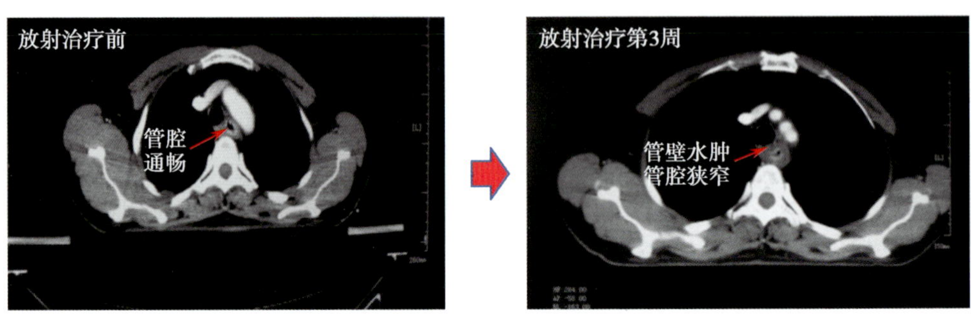

图 5-8 放射治疗过程中营养通路调整（口服营养补充→管饲）

三、营养素

（一）营养素的定义

营养素是指为维持机体繁殖、生长发育和生存等一切生命活动和过程，需要从外界环境中摄取的物质。营养治疗的目的便是为患者提供足够的营养素，因此在为放射治疗中的患者制订营养方案时需要充分考虑营养素的全面性、充足性、均衡性等。

（二）营养素的全面性保障

营养素根据化学性质和生理作用分为五大类：蛋白质、脂肪、碳水化合物、矿物质、维生素。根据人体对各种营养素的需要量或体内含量分为：宏量营养素和微量营养素。其中宏量营养素包括碳水化合物、脂肪和蛋白质，又称为产能营养素；而微量营养素包括矿物质和维生素。根据在体内的含量不同，矿物质又可分为常量元素和微量元素。维生素则可分为脂溶性维生素和水溶性维生素。在制订营养方案时，需要考虑到各种营养素，保障营养素的全面性。

（三）营养素的充足性保障

在制订营养方案时，除了保障营养素的全面性外，还需要保障各种营养素的充足性，满足患者的目标需求，即四达标：满足 90% 液体目标需求、≥70% 能量目标需求、100% 蛋白质目标需求及 100% 微量营养素目标需求。

（四）营养素的均衡性保障

碳水化合物、脂肪和蛋白质是能量供给的三大主要物质。对于肿瘤患者和肿瘤放射治疗患者来说，在保障能量充足的同时，还需要考虑三大营养物质的均衡性，即供能比例。对于非荷瘤机体，供能物质以碳水化合物为主，其次是脂肪和蛋白质，但对于肿瘤患者和放射治疗患者来说，推荐适当提高脂肪的供能比例，降低碳水化合物的比例，提高优质蛋白的供应量。

（五）营养素的动态性保障

国内外指南均推荐对于无法进行个体化总能量消耗测量的放射治疗患者，每日应给予25～30kcal/kg的能量。放射治疗患者的能量需求随着放射治疗的进行和放射治疗不良反应的发生而不断变化，所以放射治疗中患者的能量摄入目标量需要根据肿瘤负荷、应激状态和急性放射损伤情况综合评估和动态调整。

（六）营养素的载体选择

食物是营养素的天然载体，人体通过摄入食物进而获取必需的营养素。然而，对于肿瘤患者和肿瘤放射治疗患者，往往由于肿瘤本身或治疗相关因素导致无法完全依靠食物获得足够的营养素，需要额外补充肠内营养制剂和肠外营养制剂。选择合理的营养素载体（营养制剂）对于保障患者营养治疗的疗效和安全性至关重要。肿瘤放射治疗患者肠外营养制剂推荐标准化“全合一”三腔袋，肠内营养制剂特点及选择见表5-2和图5-9。

表5-2 肠内营养制剂分类及特点

分型		主要特点
预消化型	短肽型	蛋白质构成：短肽＋氨基酸 无须消化，直接吸收 直接营养肠黏膜，保护肠屏障 双通道氮源吸收，快速补充蛋白质
	氨基酸型	仅含有氨基酸，蛋白补充慢 渗透压过高，不利于肠功能恢复
整蛋白型	通用型	适用于消化吸收功能正常的患者
	疾病特异型	糖尿病型：适用于高血糖患者 肿瘤型：证据不足受到普遍质疑

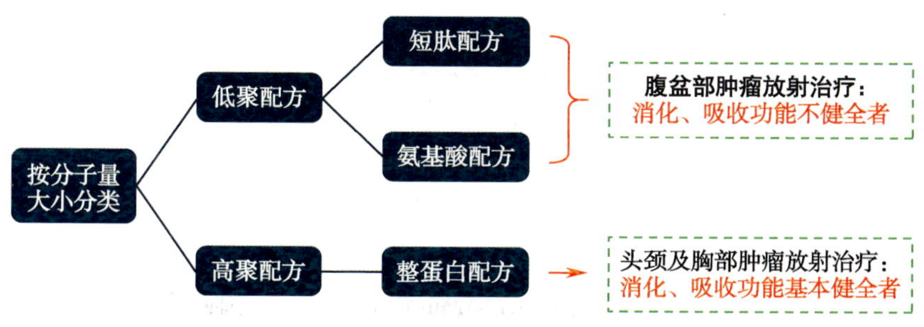

图5-9 放射治疗患者肠内营养制剂的选择

综上所述，在制订营养方案时，在营养素方面需要综合考虑营养素的“四性”，即全面性、充足性、均衡性、动态性，并选择合适的营养素载体，才能保障营养治疗的疗效，防止可能出现的并发症（图 5-10）。

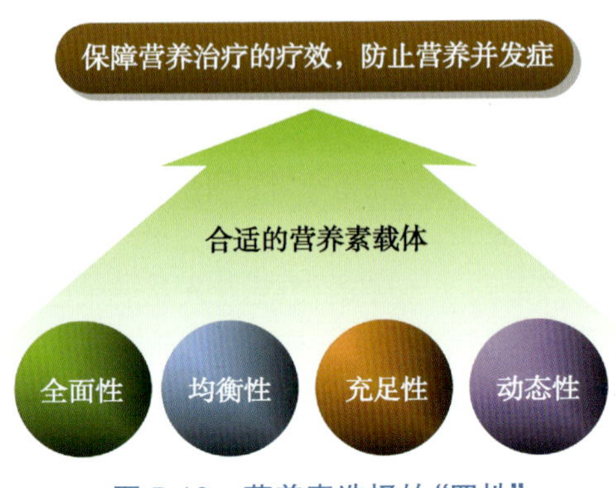

图 5-10 营养素选择的“四性”

四、特殊营养素

放射治疗患者还可以在营养治疗中考虑加入特殊营养素，如谷氨酰胺、鱼油、维生素、益生菌等。多项国内外研究表明，放射治疗患者摄入谷氨酰胺可有效地降低放射治疗引起的黏膜反应。放射治疗期间补充鱼油可以帮助患者维持体重，改善食欲，尤其是低体重患者。肿瘤放射治疗患者补充特定维生素有利于减少放射性损伤的发生，并有助于放射性损伤更快修复，进而减轻放射性损伤对患者营养状况的不利影响，改善患者的营养不良（表 5-3）。

表 5-3 防治各类放射治疗不良反应所需补充维生素

放射治疗不良反应	建议补充的维生素
放射性口腔黏膜炎	维生素 E、维生素 A、维生素 C、维生素 B_{12}
放射线皮肤反应	维生素 D
放射性神经损伤	维生素 E
放射性肺炎	维生素 C
放射性食管炎	维生素 B_{12}
放射性肠炎	维生素 E、维生素 B_{12}

（王玉霞 李学敏 刘宇笛）

第三节　放射治疗中营养治疗的疗效评价

一、营养治疗疗效评价的意义

营养治疗作为一种基础治疗手段，其疗效是应该评价的，也是可以评价的。营养治疗疗效评价传统上常采用血清白蛋白水平及体重等指标。但由于营养治疗是一种整体治疗，其作用除了营养状况本身，还涉及生理、心理、行为、功能、结构及病变等多个方面，因此其疗效也需要整体评价。另外，不同评价指标对营养治疗的反应快慢不一样，因此需要将各评价指标分为快速反应指标、中速反应指标和慢速反应指标进行分时评价，见图 5-11。急性放射治疗副反应和晚期放射治疗副反应作为放射治疗患者特异性指标，也被纳入到营养治疗疗效评价中。

图 5-11　肿瘤放射治疗营养疗法的疗效评价

TNF. 肿瘤坏死因子；CRP. C 反应蛋白；RTOG. 美国肿瘤放射治疗协作组。红色字体表示放射治疗副反应，在评估营养状态、制订营养策略、评估营养治疗疗效时需着重考虑。

二、营养治疗疗效评价的内容

（一）营养知识 - 态度 - 行为

实施营养教育、破除营养误区是营养治疗的首要任务，亦是营养五阶梯疗法的第一阶梯。营养教育是否具有成效需要通过营养相关知识、态度和行为（knowledge、attitude、practice，KAP）进行评价。

（二）摄食情况

摄食情况改善与否是营养治疗疗效评价的核心指标。摄食情况评价包括食欲、食物性状及摄食量（图 5-12）。

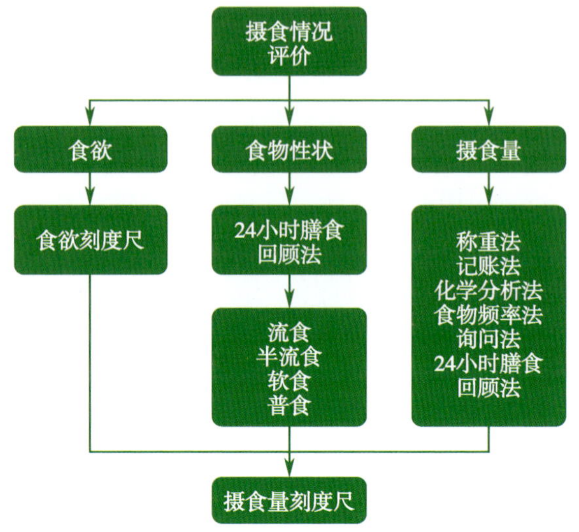

图 5-12 摄食情况评价

1. **食欲** 食欲是一个主观评价指标，多采用食欲刻度尺让患者自行评估（图 5-13）。

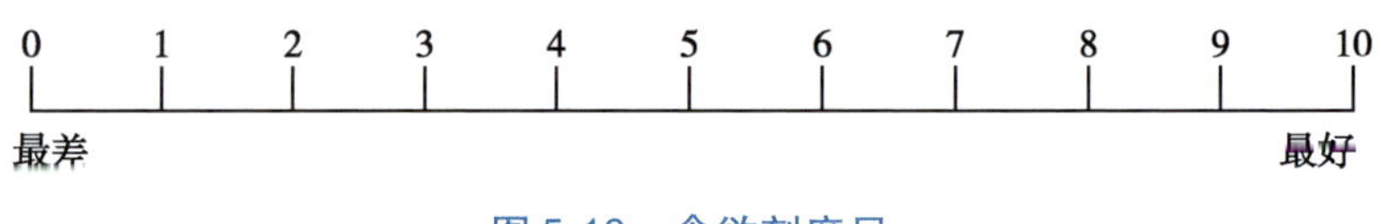

图 5-13 食欲刻度尺

2. **食物的性状及摄食量** 食物性状、种类及摄食量常用膳食调查方法，包括称重法、记账法、化学分析法、食物频率法及询问法，而临床上多采用 24 小时膳食回顾法（表 5-4）。

表 5-4 24 小时膳食回顾法调查表

姓名		性别		年龄	
生理状况		劳动强度		人日数	
进餐时间	食物名称	原料名称	原料编码	原料重量	是否可食部

24 小时膳食回顾法通常需要专业人员来实施，不适用于患者自我评价。为方便比较患者营养治疗前后饮食性质，通常将饮食分为流食、半流食、软食及普食进行评价。另外，为了对摄食量、摄食变化进行标化处理，推荐患者根据摄食量刻度尺进行自我测评。

3. **营养状况评价** 营养状况评价是放射治疗前患者的重要评价内容，而对于放射治疗中接受营养治疗的患者，动态的营养状况评价则是基本要求。营养状况评价的方法很多，常用的包括主观全面评定（subjective global assessment，SGA）、患者参与的主观全面评定（patient-generated subjective global assessment，PG-SGA）及微型营养评定（mini-nutritional assessment，MNA）3 种。

4. **人体学测量** 人体学测量是一种常用的营养治疗疗效评价方法，主要包括对身高、体重、围度（上臂、大腿、小腿、腰围、臀围等）、皮褶厚度（肱三头肌、肱二头肌、肩胛下、腹壁和髂骨上）4 种参数的测定，见图 5-14。

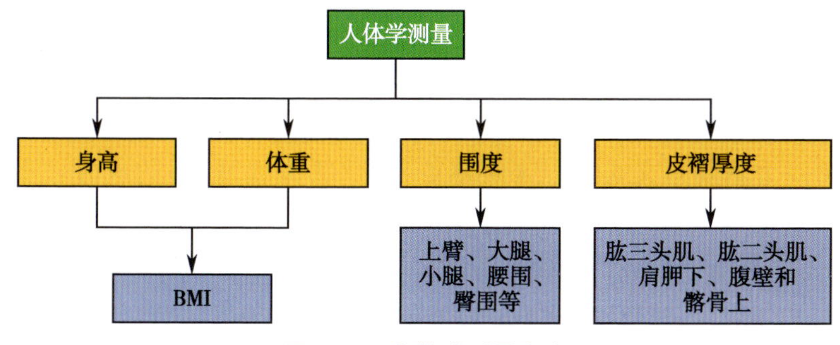

图 5-14 人体学测量内容
BMI. 体质量指数。

（1）身高。在进行身高测量时，被测量者需要赤脚站立，以便准确地测量身高。被测量者应保持头部直立，眼睛向前看，以保证测量身高的准确度。

（2）体重：患者清晨起床、排空大小便、空腹、穿单衣裤、赤足立于体重计中心，读数以千克（kg）为单位，精确到小数点后一位数字，测量 3 次取平均值。体重变化率（%）=（原体重 − 现体重）/ 原体重 ×100%，正数为体重丢失率，负数为体重增加率。体质量指数 = 体重（kg）/［身高（m）］^{2}。

（3）围度测量。①上臂围测定方法：被测者上臂自然下垂。取上臂中点用软尺测量。软尺误差不得大于 0.1cm。②腰围和臀围的测定方法：患者空腹，着内衣裤，身体直立，腹部放松，双足分开 30～40cm。测量者沿腋中线触摸最低肋骨下缘和髂嵴，将皮尺固定于最低肋骨下缘和髂嵴连线中点的水平位置，在调查对象呼气时读数，记录腰围。臀围测量位置为臀部的最大伸展处，皮尺水平环绕，精确度为 0.1cm，连续测量 3 次，取其平均值。③小腿围：反映人体腿部肌肉及（皮下）脂肪水平。测量时患者取坐位，自然放松，小腿与大腿之间成 90° 直立踏地，两腿分开同肩宽，测量者将带尺在小腿最粗壮处以水平位绕其一周计量，单位为厘米（cm），精确到小数点后一位，测量 3 次取平均值。需注意的是，右利者测左小腿，左利者测右小腿，动态测量时测量同一小腿。

（4）皮褶厚度测量。肱三头肌皮褶厚度测定方法：被测者上臂自然下垂，取左（或右）上臂背侧肩胛骨肩峰至尺骨鹰嘴连线中点，于该点上方 2cm 处，测量者以左手拇指与示指将皮肤连同皮下脂肪捏起呈皱褶，捏起两边的皮肤须对称，然后用压力为 $10g/mm^2$ 的皮褶厚度计测定，应在夹住 3 秒内读数。测定时间延长可使被测点皮下脂肪被压缩，引起人为误差。连续测定 3 次后取其平均值。为减少误差，应固定测量者和皮褶计。

5. **人体组成评定** 人体组成评定（body composition assessment，BCA）是指采用不同方法如双能 X 射线吸收法（dual energy x-ray absorptiometry，DEXA）、生物电阻抗法（bioelectric impedance analysis，BIA）、计算机断层扫描（computed tomography，CT）、磁共振成像（magnetic resonance imaging，MRI）、B 型超声等对人体组成成分进行测定。其中生物电阻抗法由于简便、无创、价廉，近年来得到广泛应用。重要参数包括实际体重、标准体重、脂肪百分比、体脂量、非脂肪量、肌肉量、体质量指数、相位角、健康评分及基础代谢率等。①肌肉量：人体组成评定的一个重要意义是可以了解体重变化（丢失或增加）的成分。不同条件下，相同的体重丢失量，丢失的成分也会各不相同。有研究表明，任何情况下，骨骼肌丢失与临床结局差、生存时间短密切相关，骨骼肌丢失超过 40% 时，患者 100% 死亡，而脂肪丢失则并非必然的不利因素。恶性肿瘤患者的一个显著特征就是骨骼肌的丢失。故理想的营养治疗应该是增加骨骼肌而不是增加脂肪组织。②脂肪分布：人体脂肪组织有内脏脂肪（visceral adipose tissue，VAT）和皮下脂肪（subcutaneous adipose tissue，SAT）。Fox C S 等调查 3 001 例 50 岁以上受试者发现：尽管 VAT 及 SAT 均与血压、空腹血糖、甘油三酯有关，但是 VAT 与高血压、高血糖、糖尿病及代谢综合征关系更加密切，他们认为 VAT 是病原性脂肪储存。

人体组成评定报告可以从 5 个方面来分析：营养评价、肥胖管理、水肿评价、肌肉分析、疾病严重程度。

（1）营养评价：人体组成评定可以从身体总水分（细胞内、外水分）、蛋白质、无机盐、肌肉量等来评价机体营养状况。这些指标有大于或等于一项低标准，提示测试对象存在相应的体成分不均衡，主要是各种原因所致的营养不足导致；体脂肪高标准提示测试对象存在营养过剩型营养不良。

（2）肥胖管理：通过体质量指数、体脂百分比、腰臀比和内脏脂肪面积精确诊断肥胖。

体质量指数（kg/m^2）= 体重 ÷ 身高 ^{2}，初筛肥胖。

体脂百分比可以筛选出隐性肥胖，排除掉肌肉发达的“肥胖”人群。

腰臀比（腰围 / 臀围，男性>0.9，女性>0.85）异常，提示为中心性肥胖。

内脏脂肪面积≥100cm^2，内脏脂肪超标准；节段脂肪评价主要的脂肪堆积部位，了解减重速度。

（3）水肿评价：细胞内水分、细胞外水分比率等。常见异常情况见于生理性偏高（营养不良的老年患者、低肌肉型肥胖者、女性生理期、久站或久蹲等体位性水分比率异常）、病理性异常（肝肾功能异常多表现为水分比率升高，而水分比率趋于正常则预示肝肾功能的改善）。

（4）肌肉分析：可用来判断肌肉均衡性、肌少症等。骨骼肌指数（SMI）= 四肢骨骼肌质量（kg）÷［身高（m）］^{2}，骨骼肌指数低于标准值评价为肌少症（标准值：男性 7.0kg/m^2，女性 5.7kg/m^2）。

（5）相位角：人体中细胞膜对交流相位改变的大小表示为相位角，它可用于评价营养状况、疾病严重程度。低相位角是营养不良的标志，可提示患者营养不良、患者生存率降低。

人体组成评定报告示例见图 5-15。

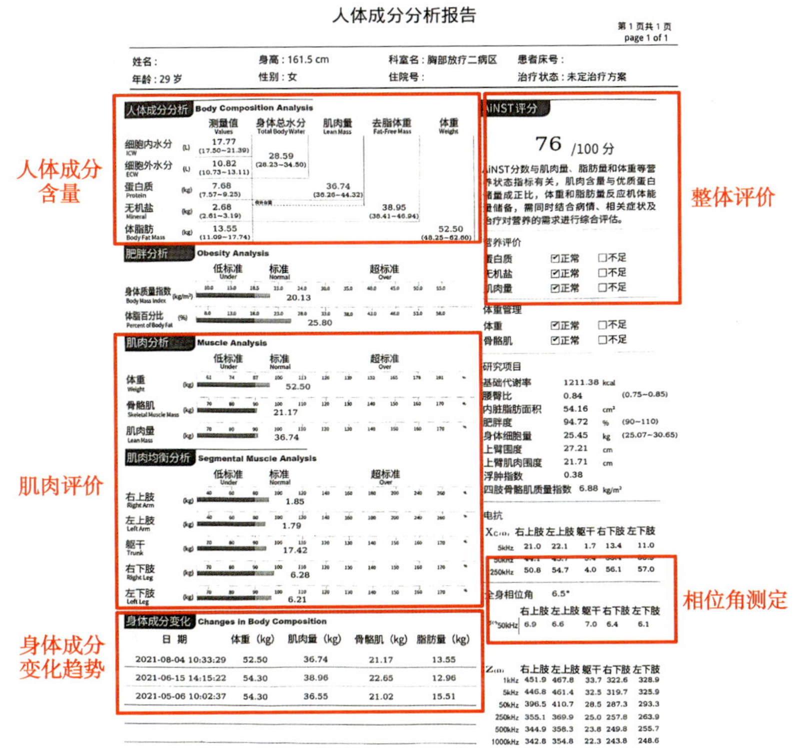

人体成分分析报告

第 1 页共 1 页
page 1 of 1

姓名：　　身高：161.5 cm　　科室名：胸部放疗二病区　　患者床号：
年龄：29 岁　　性别：女　　住院号：　　治疗状态：未定治疗方案

人体成分分析 Body Composition Analysis

	测量值 Values	身体总水分 Total Body Water	肌肉量 Lean Mass	去脂体重 Fat-Free Mass	体重 Weight
细胞内水分 ICW (L)	17.77 (17.50~21.39)	28.59 (28.23~34.50)	36.74 (36.26~44.32)	38.95 (38.41~46.94)	52.50 (48.25~62.60)
细胞外水分 ECW (L)	10.82 (10.73~13.11)				
蛋白质 Protein (kg)	7.68 (7.57~9.25)				
无机盐 Mineral (kg)	2.68 (2.61~3.19)				
体脂肪 Body Fat Mass (kg)	13.55 (11.09~17.74)				

肥胖分析 Obesity Analysis（低标准 Under　标准 Normal　超标准 Over）

身体质量指数 Body Mass Index (kg/m²)　20.13
体脂百分比 Percent of Body Fat (%)　25.80

肌肉分析 Muscle Analysis（低标准 Under　标准 Normal　超标准 Over）

体重 Weight (kg)　52.50
骨骼肌 Skeletal Muscle Mass (kg)　21.17
肌肉量 Lean Mass (kg)　36.74

肌肉均衡分析 Segmental Muscle Analysis（低标准 Under　标准 Normal　超标准 Over）

右上肢 Right Arm (kg)　1.85
左上肢 Left Arm (kg)　1.79
躯干 Trunk (kg)　17.42
右下肢 Right Leg (kg)　6.28
左下肢 Left Leg (kg)　6.21

身体成分变化 Changes in Body Composition

日期	体重（kg）	肌肉量（kg）	骨骼肌（kg）	脂肪量（kg）
2021-08-04 10:33:29	52.50	36.74	21.17	13.55
2021-06-15 14:15:22	54.30	38.96	22.65	12.96
2021-05-06 10:02:37	54.30	36.55	21.02	15.51

AiNST评分

76 /100 分

AiNST分数与肌肉量、脂肪量和体重等营养状态指标有关，肌肉含量与优质蛋白储量成正比，体重和脂肪量反应机体能量储备，需同时结合病情、相关症状及治疗对营养的需求进行综合评估。

营养评价

蛋白质	☑正常	☐不足
无机盐	☑正常	☐不足
肌肉量	☑正常	☐不足

体重管理

体重	☑正常	☐不足
骨骼肌	☑正常	☐不足

研究项目

基础代谢率	1211.38	kcal	
腰臀比	0.84		(0.75~0.85)
内脏脂肪面积	54.16	cm²	
肥胖度	94.72	%	(90~110)
身体细胞量	25.45	kg	(25.07~30.65)
上臂围度	27.21	cm	
上臂肌肉围度	21.71	cm	
浮肿指数	0.38		
四肢骨骼肌质量指数	6.88	kg/m²	

电抗

Xc(Ω)	右上肢	左上肢	躯干	右下肢	左下肢
5kHz	21.0	22.1	1.7	13.4	11.0
50kHz	[illegible]	[illegible]	[illegible]	[illegible]	[illegible]
250kHz	50.8	54.7	4.0	56.1	57.0

全身相位角　6.5°

	右上肢	左上肢	躯干	右下肢	左下肢
50kHz	6.9	6.6	7.0	6.4	6.1

Z(Ω)	右上肢	左上肢	躯干	右下肢	左下肢
1kHz	451.9	467.8	33.7	322.6	328.9
5kHz	446.8	461.4	32.5	319.7	325.9
50kHz	396.5	410.7	28.5	287.3	293.3
250kHz	355.1	369.9	25.0	257.8	263.9
500kHz	344.9	358.3	23.8	249.8	255.7
1000kHz	342.8	354.8	22.3	243.8	248.6

图 5-15　人体组成评定报告

6. **体能评价与健康状况评分** 体能（physical fitness）与患者临床预后密切相关，是营养治疗疗效评价的重要参数。体能评价中最常用的方法包括简易体能评估法（short physical performance battery，SPPB）、日常步速评估法（usual gait speed，UGS）、计时起步测试（timed get up and go test，TGUG）、爬楼试验（stair climb power test，SCPT）、6 分钟步行试验（6-minute walk test，6-MWT）、功能伸展测试（functional reach test，FRT）、搬运测试（lift and reach）及握力（grip）等。其中以握力、计时起步测试及 6 分钟步行试验最为实用，建议选择上、下肢测试组合，如握力 + 计时起步测试 +6 分钟步行试验。

健康状况是机体功能状态的整体反映，可通过健康状况评分来评价，通常采用 Karnofsky 体力状况（Karnofsky performance status，KPS）评分或美国东部肿瘤协作组（Eastern Cooperative Oncology Group，ECOG）评分。KPS 评分越高，健康状况愈好，而 ECOG 评分越高，健康状况越差。

（1）简易体能评估法（SPPB）：是一种用于评价老年人（年龄大于 65 岁）平衡性、下肢力量和功能性能力的客观测量方法。它是由美国国家老龄化研究所开发的。通过三阶段的平衡性测试（并脚站立、前脚脚后跟内侧紧贴后脚拇指外侧站立、双足前后串联站立）、3m 或 4m 步速测试（走完直线距离所花的时间）和定时端坐站立测试（在椅子上反复起立坐下 5 次），来评估平衡性、常规或自选步速、下肢力量 3 个方面。采用 0～12 分制，对 3 种评估进行评分加和，得分越高，身体功能水平越高；而得分越低，则身体功能水平越低。具体评估工具见表 5-5。

（2）日常步速评估法（UGS）：记录从移动开始以正常步速行走 6m 所需时间，中途按照平常的步速行走，就像在街道上行走一样，并至少测量 2 次，记录平均速度。不同研究在测定步速进行肌少症诊断时所选取的切点也不尽相同，常用的切点为<0.8m/s 或<1.0m/s。

表 5-5 简易体能评估法得分表

测试项目	测试内容	结果及得分
平衡测试	双脚并拢站立	坚持 10 秒，1 分
		未坚持 10 秒，0 分
		未进行该动作，0 分
	半串联站立	坚持 10 秒，1 分
		未坚持 10 秒，0 分
		未进行该动作，0 分
	串联站立	坚持 10 秒，2 分
		坚持 3～9.99 秒，1 分
		坚持<3 秒，0 分
		未进行该动作，0 分

续表

测试项目	测试内容	结果及得分
步速测试	4m	时间>8.70 秒，1 分
		时间在 6.21～8.70 秒，2 分
		时间在 4.82～6.20 秒，3 分
		时间<4.82 秒，4 分
	3m	时间>6.52 秒，1 分
		时间在 4.66～6.52 秒，2 分
		时间在 3.62～4.65 秒，3 分
		时间<3.62 秒，4 分
坐站试验	独自坐站、重复坐站	不能达成 5 次站立或达成时间>60 秒，0 分
		坐站时间≥16.70 秒，1 分
		坐站时间在 13.70～16.69 秒，2 分
		坐站时间在 11.20～13.69 秒，3 分
		坐站时间≤11.19 秒，4 分

（3）计时起步测试（TGUG）：测量需要一张有靠背、扶手的椅子和一个秒表，并在离座椅 3m 远的地面上画一条明显的粗线。患者从靠背椅上站起，如果使用助行器则将助行器握在手中，按照平时走路的步态，向前走 3m，脚跨过粗线后转身走回到椅子前，再转身坐下，记录靠到椅背上时间，测量 3 次取平均值。总时间<10 秒为移动性正常，可以预测患者 1 年内的日常生活活动可维持稳定；10～20 秒为移动性尚好，可以独自外出；>20～30 秒为移动性受损；>30 秒不能单独外出，需要行走辅具。

（4）爬楼试验（SCPT）：是临床用来测试老年人下肢肌肉力量、功率以及移动能力的方法，受试者用自己感觉舒服的步伐不停顿地攀爬楼梯，以完成任务的时间作为评价指标。让受试者爬上一段楼梯，通常为 6～15 个阶梯，每阶高度为 15～20cm。患者听到开始口令之后，一步一阶尽快爬完，攀爬期间不允许使用扶手，当双脚踏上最后一个阶梯时，停止计时。测试 2 次，取时间较短的一次成绩。

（5）6 分钟步行试验（6-MWT）：在平坦地面上标记一段 30.5m 的直线距离，两端各置一椅，受试者在其间往返走动，根据自己的体能以尽可能快的速度行走，受试者测试前 2 小时内避免剧烈运动。监测人员每 2 分钟报时 1 次，并记录受试者可能发生的气促、胸痛等不适。当其体力难以支撑时可暂时休息或终止试验。行走 6 分钟后试验结束，计算受试者步行距离，评估结果。

（6）功能伸展测试（FRT）：是评估老年人或者残疾患者摔倒风险的临床指标，能较好地反映老年人的躯干肌肉力量，控制能力以及身体动态平衡能力。所需器材为一面墙和一条直尺，直尺高度与肩峰平齐。受试者赤脚站立，以优利手

(国人绝大多数为右利手)手臂靠近带刻度的平衡尺，优利手臂抬高平伸，紧握拳头，以第3掌骨为测量点，记录长度；令其在保持身体平衡的情况下尽力向前伸手，并在双脚不移动，足底不抬起以及保持身体平衡的前提下测量手臂前伸的距离。记录第3掌骨位置的差值。共测3组，取平均值。以前伸距离≥25.4cm的老年人为正常对照组，将6个月内跌倒次数≥2次定义为跌倒可能，发现前伸距离在15.2～25.4cm、<15.2cm、完全不能前伸者，跌倒的可能性分别为对照组的2倍、4倍、8倍。

(7) 搬运测试(lift and reach)：属于一种较新的测试手段，使用较少，主要用来反映老年人的上肢肌肉力量、功率以及协调性。要求受试者将一个边长为22.5cm的立方体盒子(男性重4kg，女性2kg)，从桌子上抬起并放置在高于32cm的一个架子上(架子放置在桌面上)，然后再将盒子从架子上取下放回桌子原位。持续30秒，计算动作重复次数。

(8) 握力(grip)：先将握力计指针调到"0"位置；被测者站直，放松，胳膊自然下垂，单手持握力计。一次性用力握紧握力计(注意：在此过程中不要让胳膊接触身体，不要晃动握力计)，读数并记录。随后被测者稍作休息，重复上述步骤，测定2次，结果取平均值。

7. **心理评价** 营养不良的患者常常合并心理障碍，良好的营养治疗可以有效地改善心理障碍与痛苦。因此，心理评价应该成为营养治疗疗效评价的必备参数。心理评价的方法纷繁复杂，心理痛苦温度计(distress thermometer，DT)于1998年由Roth A J发明，是一项简便的心理评估方法并得到了美国国立综合癌症网络(National Comprehensive Cancer Network，NCCN)的推荐。"0"为没有痛苦，"10"为极端痛苦，患者根据自己的情况选择这之间相对应的数字，见图5-16。

8. **生活质量评价** 生活质量评价已经成为几乎所有治疗疗效评价的必选参数，包括营养治疗，常用的有欧洲癌症研究与治疗组织生命质量测定量表第3版(EORTC QLQ-C30 V3.0)中文版。该量表体系除核心模块QLQ-C30主量表外，还有适用于不同癌种疾病和症状特异模块的子量表，主量表与子量表结合应用可完整测定患者的生活质量。

9. **实验室检查** 广义中的实验室检查内容非常丰富，包括血液、尿液、粪便及其他体液检查等。营养诊断及营养治疗疗效评价中的实验室检查指标应该包括血液学基础(血常规、血生化、维生素、矿物质等)、重要器官功能(如肝、肾功能)、激素水平和炎症因子(IL-1、IL-6、TNF、TSH等)、代谢因子及其产物(蛋白水解诱导因子、脂肪动员因子、乳酸)等(图5-17)。

10. **肿瘤患者特异性营养治疗疗效评价** 除以上参数外，针对肿瘤患者的特异性营养治疗疗效评价还应该包括：病灶大小、代谢活性、肿瘤标志物、生存时间。肿瘤代谢活性的降低与肿瘤病灶的缩小具有相同意义，可通过正电子发射计算机体层显像仪(PET/CT)的标准摄取值(standard uptake value，SUV)变化

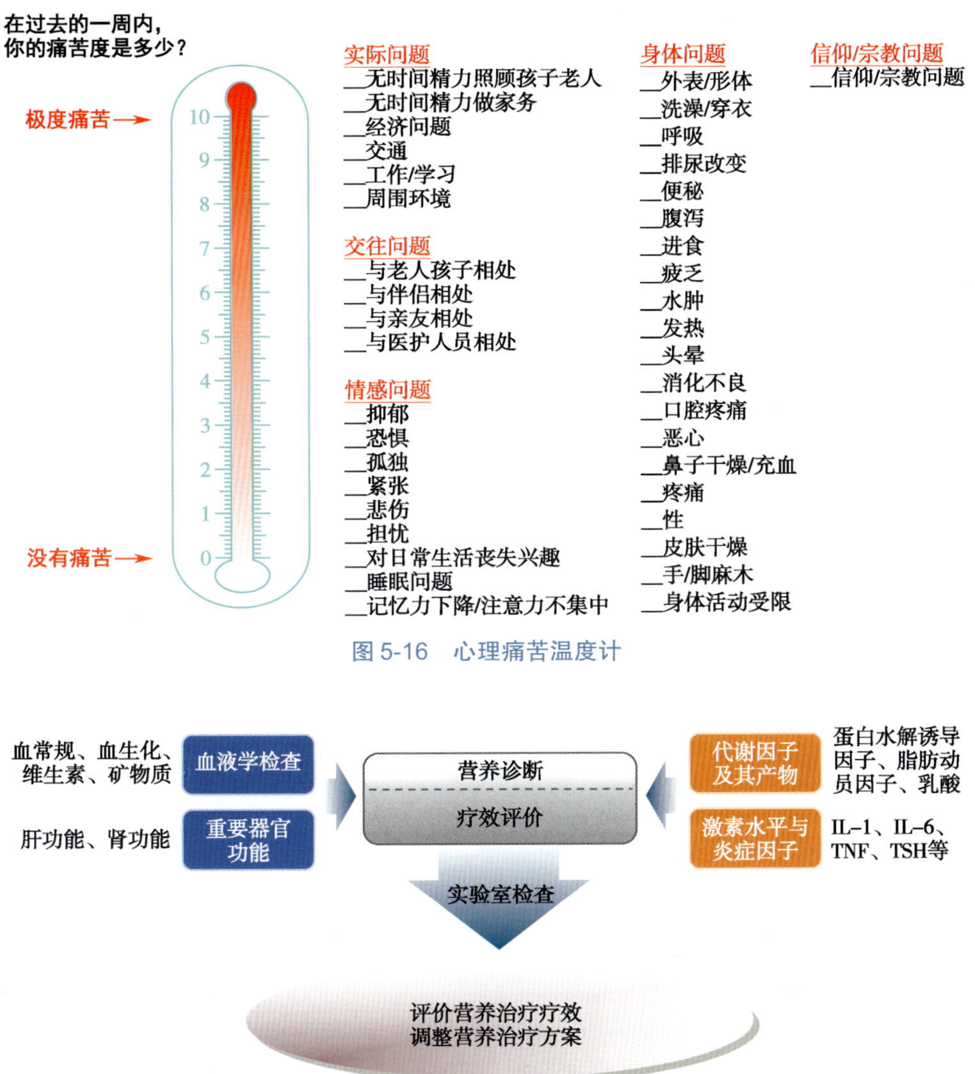

图 5-16　心理痛苦温度计

图 5-17　肿瘤营养疗效评价（实验室检查）

IL-1. 白介素 -1；IL-6. 白介素 -6；TNF. 肿瘤坏死因子；TSH. 促甲状腺激素。

准确了解肿瘤代谢活性的变化。所有严重营养不良患者出院后均应定期到医院营养门诊或接受电话营养随访，至少每 3 个月一次。

11. **肿瘤放射治疗患者特异性营养治疗疗效评价**　肿瘤放射治疗患者营养治疗的目的之一便是预防和治疗患者急性和晚期放射副反应。因此，急性和晚期放射治疗副反应的发生率、严重程度和恢复时间可以作为营养治疗疗效评价的重要指标进行评价。

（李学敏　彭　冉　潘诗怡）

第四节 放射治疗中营养治疗的质量控制

放射治疗过程中，肿瘤患者的营养状况和放射性损伤分级会不断发生变化，需要综合评估患者的营养状况，为了保证患者获得足质、足量的营养治疗并保障营养治疗的疗效，减少营养治疗过程中的差错和并发症需采取一系列营养治疗质量控制措施和活动。

一、质量控制的重要性

为了筛查、预防、评估、监测和治疗营养不良，应在参与治疗肿瘤患者的每个机构中都建立起一系列标准操作和质量控制程序，并定期对所有肿瘤患者进行营养不良风险筛查。肿瘤患者放射治疗过程中进行营养治疗质量控制，最重要的是保证营养治疗疗效以及避免医疗风险和安全隐患。

（一）保证营养治疗疗效

营养治疗旨在维持或改善患者食物摄入量并减轻代谢紊乱，维持骨骼肌质量和身体状态，减少抗肿瘤治疗风险，并提高生活质量。鉴于肿瘤患者营养缺乏和代谢紊乱的高发生率，需定期监测所有肿瘤患者的相关参数并尽早启动干预措施以防止过度缺陷。而监测过程中的筛查、评估、动态即时调整均由营养治疗质量控制这一程序完成。

（二）避免医疗风险和安全隐患

肿瘤患者放射治疗期间会产生各种各样不同程度的并发症，其中营养不良会对恶性肿瘤患者放射治疗的疗效和反应造成不良的影响，包括降低肿瘤细胞的放射敏感性，影响放射治疗摆位的精确性，增加放射治疗不良反应，降低放射治疗耐受性，延长总住院时间，从而降低放射治疗疗效和影响患者生存质量。此外患者住院时间过长，经济负担和心理负担加重，以及营养治疗本身可能造成的副反应，均可能会危及医患之间的信任，使患者治疗依从性下降，进一步加剧医疗风险和增加医患关系安全隐患。因此，对恶性肿瘤放射治疗患者采取规范、有效的营养治疗质量控制措施具有重要意义。

二、质量控制的指标

根据国内众多营养治疗专家共识，可将营养治疗质量控制根据营养治疗的途径、质量控制的目的以及质量控制的方法进行分类。肿瘤放射治疗患者营养治疗质量控制的指标包括营养治疗的普及性、营养治疗的及时性、营养方案的合理性、目标营养量的完成性、营养治疗的有效性和营养治疗的安全性（图 5-18）。

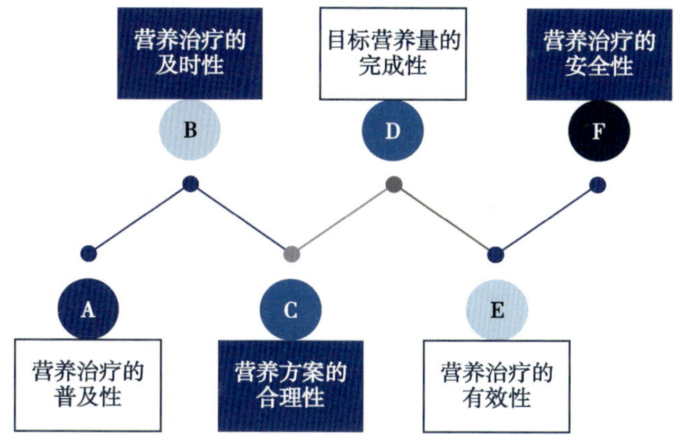

图 5-18　肿瘤放射治疗患者营养治疗的质量控制

三、质量控制的方法

无论肠内还是肠外营养，需保证患者营养治疗的疗效以及防治营养治疗相关并发症，保障患者的安全，这也是营养治疗质量控制的目的。因此，防治营养治疗相关并发症成为营养治疗质量控制的主要方法之一。

（一）肠内营养并发症的防治（图 5-19）

1. **高糖血症**　常见于接受高热量膳食、糖尿病、高代谢及皮质激素治疗期间，且老年患者由于糖耐量不足特别容易发生。建议管饲期间可 4～6 小时检查尿糖和酮体 1 次，营养液输注达到全浓度和最大量至少 48 小时后，检查结果持续阴性可改为 12 小时检查一次或停止检查。若出现高糖血症应及时予以胰岛素治疗，营养素可根据有无糖尿病选用专用类型。

2. **腹泻**　常见于营养液高渗透压、被细菌感染、温度过低等，需观察并记录大便性状、颜色、量及次数，必要时保留标本送常规检查或培养。平时用具消毒应彻底，鼻饲液温度一般以 38～40℃为宜，严重腹泻时暂停鼻饲营养。

3. **应激性溃疡**　主要表现为胃管内抽出咖啡色液体和解柏油样大便，应及早评估患者有无频繁的恶心、呕吐等消化道溃疡的先兆症状，并予以抗酸药物，同时定期观察胃液情况尽早发现消化道出血症状。

4. **吸入性肺炎**　长期鼻饲患者常因误吸而致吸入性肺炎，此类患者多有不同程度的缺氧、胃肠蠕动减慢，所以鼻饲前应吸尽呼吸道内分泌物，鼻饲时患者取坐卧位或将患者床头抬高 30°～45°，管饲 30～60 分钟后再放下床头以防食物反流。同时对患者的胃肠功能进行评估，监测胃内容物残余量，应保证残余量 <200ml，否则暂停管饲。

5. **恶心、呕吐**　常因溶液注入速度过快或者量过大引起，易与颅脑损伤后的颅内压增高症状混淆，需注意溶液注入的速度、浓度、容量和温度，应遵循从低到高、由少到多、先增高浓度后提高容量、速度由慢到快的原则，液体温度需保持在40℃左右。

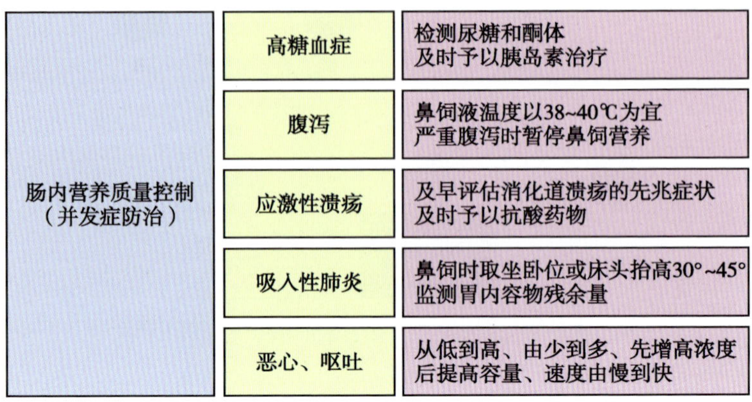

图5-19 肠内营养质量控制：并发症防治

（二）肠外营养并发症的防治（图5-20）

1. **置管相关并发症** 肠外营养置管中和置管后引起的并发症，如导管移位、脱出和断裂等。

首先要做好导管护理相关的健康宣教，叮嘱患者避免带管的手臂大范围旋转活动或过度用力，保持动作轻柔。一旦发现导管发生明显移位或脱出时，需要重新进行固定或穿刺置管，必要时及时拔除。

2. **代谢相关并发症** 电解质、酸碱平衡、微量元素紊乱等。

高血糖的预防方法：输入的葡萄糖要适量，逐渐增加，在输注葡萄糖过程中须密切监测血糖和尿糖。对于脂肪超载综合征，防治关键是根据不同来源脂肪乳剂的特性进行个体化输注，避免过量、过速使用，密切监测血甘油三酯水平，一旦发生立即停用，并对症处理。

3. **禁食相关并发症** 长期禁食状态会导致肠上皮绒毛萎缩、肠道屏障的结构受损和功能减退，进而引起细菌移位、肠源性感染、胆汁淤积、败血症等。

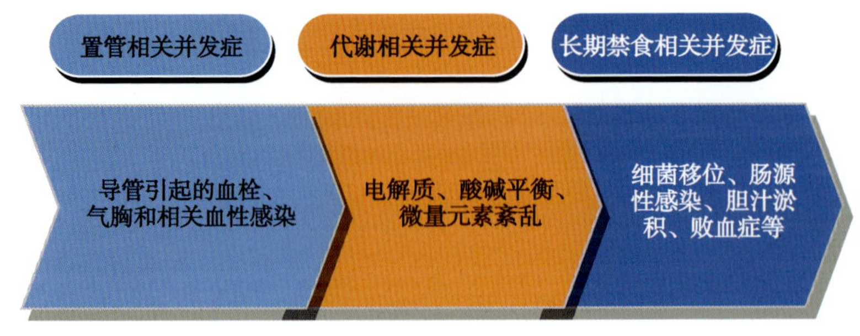

图5-20 肠外营养质量控制：并发症防治

对于细菌移位或失调，需要在医生的指导下服用益生菌等进行治疗。对于并发肠源性感染和败血症的患者，需要规范使用抗生素。对于胆汁淤积患者，预防重点是尽量避免并消除危险因素，尽早开始肠内营养，积极防治感染，加强监测。

（三）质量控制的分类

营养治疗质量控制可分为过程质量控制和结局质量控制两部分。过程质量控制是为了保证营养治疗全过程的科学性和完成性，而结局质量控制是为了保证营养治疗的疗效、减少营养治疗的并发症以改善患者的生活质量和临床结局。

四、质量控制的保障

欧洲肠外肠内营养学会建议质量控制职责可以通过指定 1 级（由肿瘤学家、护士和其他无营养中心培训资格的专家执行）和 2 级（专业）营养相关活动来划分。结合我国营养治疗相关共识，总结看来可将营养治疗质量控制分为制度保障、人员保障和工具保障三种实施方法（图 5-21）。

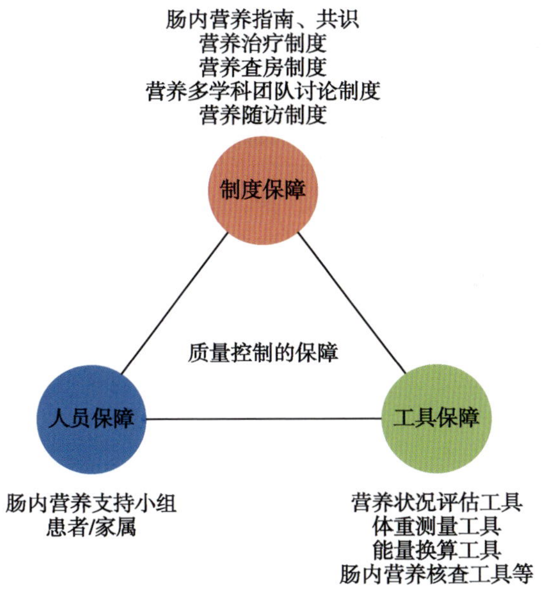

图 5-21 肿瘤放射治疗营养疗法的质量控制保障

（一）质量控制的制度保障

质量控制的制度保障是指营养治疗的实施和质量控制全程的规范化需要遵循国内外的权威指南和标准，并结合各单位自身情况进行制度化，制定相关的制度，包括营养诊断制度、营养查房制度、营养多学科讨论制度、营养随访制度等。

（二）质量控制的人员保障

营养治疗质量控制的人员保障首先需保证营养医师、营养（技）师及营养护士具备必要的肿瘤营养专业知识和适宜技术操作能力并定期评估；其次还应建立营养护士、临床营养师的岗位管理体系，落实医疗安全管理制度、岗位职责、诊疗规范与医疗质量安全指标，定期评价医疗质量。其中由多学科专业人员组成质量与安全管理小组，然后指定专（兼）职人员负责营养诊疗质量控制和管理，最后是患者及家属的参与，称之为三级质量控制体系（图 5-22）。具体质量控制实施如下：

1. **临床医师、临床营养师** 医师和营养师是质量控制的核心，负责营养全过程，包括适宜人群的筛选以及营养方案的制订、实施、评价和调整。

2. **营养护士、临床营养师** 护士与营养师主要负责对营养治疗方案的具体执行，并进行方案的监督、记录和反馈。

3. **患者 / 家属** 患者和家属应严格执行医师和护士制订的营养方案，同时也担负着监督及记录的责任。

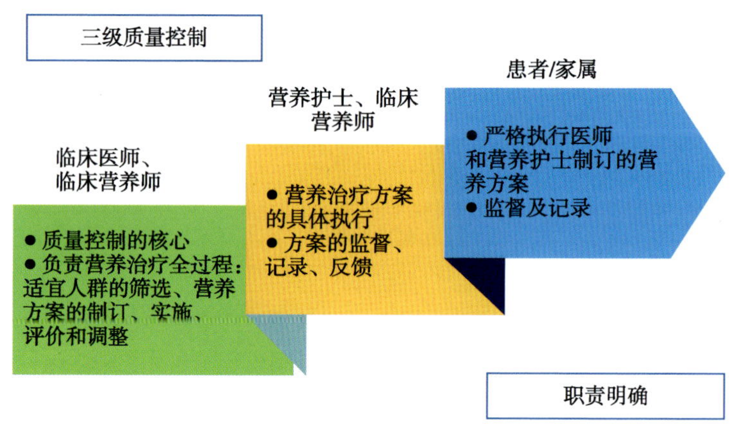

图 5-22 肿瘤放射治疗营养疗法的三级质量控制体系

（三）质量控制的工具保障

营养治疗质量控制工具保障的前提是建立营养治疗产品的管理和使用规范，记录存档，医院相关部门对非药品类营养治疗产品进行准入审核，并加强监督。其操作内容分为硬件及软件两部分，硬件指营养测量设备（体重秤、人体成分测量仪等），主要用以确保质量控制的准确性、稳定性、安全性和有效性；软件部分则是调查表、统计表格、图表和计算机应用程序等，主要是用于营养宣教、营养实施和监控。而如何正确、合理地使用这些工具，也有一定的规范。

1. **人员要求** 调查人员相对固定，最好由同一个调查员完成调查，每一位调查员均应该接受标准的操作培训并认真阅读操作手册，并且调查人员在正式调查前要求有30例的预调查经历。

2. **操作要求**　以体重测量为例，质量操作具体要求包括以下内容：

（1）体重秤固定：同一患者每次测量尽量使用同一体重秤且测量前需进行校正。

（2）测量时间固定：建议选择晨起空腹、排空大小便后进行测量。

（3）衣着固定：每次测量患者衣服和鞋子（或脱鞋）保持一致，最好穿着内衣测量。

（4）测量姿势正确：平静地站在体重秤上，两脚位置左右对称，保持身体自然直立，双眼平视前方，双臂自然下垂，放松于身体两侧。

（5）2次测量：体重秤指针停止摆动后读数，测量2次取平均值。

（李学敏　王玉霞　刘宇笛）

推荐阅读资料

[1] 丛明华，王杰军，方玉，等. 肿瘤内科住院患者膳食认知行为横断面多中心研究. 肿瘤代谢与营养电子杂志，2017，4（1）：39-44.

[2] 李涛，吕家华，郎锦义，等. 恶性肿瘤放疗患者营养治疗专家共识. 肿瘤代谢与营养电子杂志，2018，5（04）：358-365.

[3] 石汉平，许红霞，李苏宜，等. 营养不良的五阶梯治疗. 肿瘤代谢与营养电子杂志，2015（01）：29-33.

[4] 石汉平. 营养治疗的疗效评价. 肿瘤代谢与营养电子杂志，2017，4（4）：364-370.

[5] 中国抗癌协会肿瘤营养与支持治疗专业委员会. 中国肿瘤营养治疗指南2020. 北京：人民卫生出版社，2020.

[6] 中国抗癌协会肿瘤营养与支持专业委员会肿瘤放射治疗营养学组. 头颈部肿瘤放疗者营养与支持治疗专家共识. 中华放射肿瘤学杂志，2018，27（1）：1-6.

[7] 中国抗癌协会肿瘤营养专业委员会，中华医学会肠外肠内营养学分会，中国医师协会放射肿瘤治疗医师分会营养与支持治疗学组. 食管癌患者营养治疗指南. 中国肿瘤临床，2020，47（1）：1-6.

[8] 中华医学会放射肿瘤治疗学分会. 放射治疗营养规范化管理专家共识. 中华放射肿瘤学杂志，2020，29（5）：324-331.

[9] ARENDS J，BACHMANN P，BARACOS V，et al. ESPEN guidelines on nutrition in cancer patients. Clin Nutr，2017，36（1）：11-48.

[10] BRITTON B，BAKER A，CLOVER K，et al. Heads up：a pilot trial of a psychological intervention to improve nutrition in head and neck cancer patients undergoing radiotherapy. Eur J Cancer Care（Engl），2017，26（4）：e12502.

[11] CHOI M H，OH S N，LEE I K，et al. Sarcopenia is negatively associated with long-term outcomes in locally advanced rectal cancer. J Cachexia Sarcopenia Muscle，2018，9（1）：53-59.

[12] MUSCARITOLI M，ARENDS J，BACHMANN P，et al. ESPEN practical guideline：clinical nutrition in cancer. Clin Nutr，2021，40（5）：2898-2913.

[13] PENG T R, LIN H H, YANG L J, et al. Effectiveness of glutamine in the management of oral mucositis in cancer patients: a meta-analysis of randomized controlled trials. Support Care Cancer, 2021, 29(8): 4885-4892.

[14] PETIT C, LACAS B, PIGNON J P, et al. Chemotherapy and radiotherapy in locally advanced head and neck cancer: an individual patient data network meta-analysis. Lancet Oncol, 2021, 22(5): 727-736.

[15] TAO X, ZHOU Q, RAO Z Y. Efficacy of ω-3 polyunsaturated fatty acids in patients with lung cancer undergoing radiotherapy and chemotherapy: a meta-analysis. Int J Clin Pract, 2022, 2022(1): 6564466.

[16] WIRSDORFER F, DE LEVE S, JENDROSSEK V. Combining radiotherapy and immunotherapy in lung cancer: can we expect limitations due to altered normal tissue toxicity?. Int J Mol Sci, 2018, 20(1): 24.

第六章

放射治疗后患者的营养管理

手术、放射治疗、药物是目前恶性肿瘤治疗的三大主要手段。不同的抗癌方法具有不同的并发症，例如手术和药物治疗的并发症多为急性反应，而放射治疗相关并发症的发生时间和持续时间更长。放射治疗患者除了在放射治疗中可能会产生急性放射反应外，在放射治疗结束后居家康复期间仍可能会出现持续时间长的放射治疗并发症，包括口腔干燥症、张口困难、吞咽困难、味觉减退、消化吸收功能障碍、排便习惯改变等。上述放射治疗后并发症不仅威胁患者营养状况和生活质量，还影响患者的肿瘤控制和生存。因此，放射治疗后患者的营养管理重点在于对放射治疗后营养相关放射治疗并发症的管理。

第一节　放射性口腔干燥症的营养管理

放射性口腔干燥症是头颈部肿瘤患者放射治疗最常见的并发症之一，其发生主要是由于颌下腺、腮腺等腺体的上皮细胞受到放射线照射导致唾液分泌减少。唾液具有保持牙齿完整性、稀释食物碎屑以及清洁口腔等重要作用。除此之外，唾液还能够提供抗菌活性、协助食物团形成、促进咀嚼、润滑口咽和上食管黏膜。口腔干燥症会影响患者的食欲、食物偏好和饮食摄入，这些可能导致能量和营养素的摄入不足，从而引起营养不良。因此，对放射性口腔干燥症进行营养管理显得至关重要。

一、放射性口腔干燥症的预防

放射性口腔干燥症的预防措施包括：①选择合适的放射治疗技术；②使用放射保护药物；③做好健康教育和口腔护理。详见图 6-1。

二、放射性口腔干燥症的筛查

调查问卷和量表是筛查放射性口腔干燥症的常用方法，包括 RTOG/EORTC 晚期放射唾液腺评分（表 6-1）、肿瘤治疗毒性常见不良事件评价标准（common toxicity criteria for adverse events，CTCAE）V5.0 口腔干燥症分级标准（表 6-2）、口干视觉模拟问卷（VAS，图 6-2）等，其有效性已得到证实。然而，问卷调查容易受到患者或评价者的主观影响，而且它们不能直接反映唾液腺的功能，因此常作为筛查方式，而要全面评估口腔干燥症还需要结合客观测量方法。

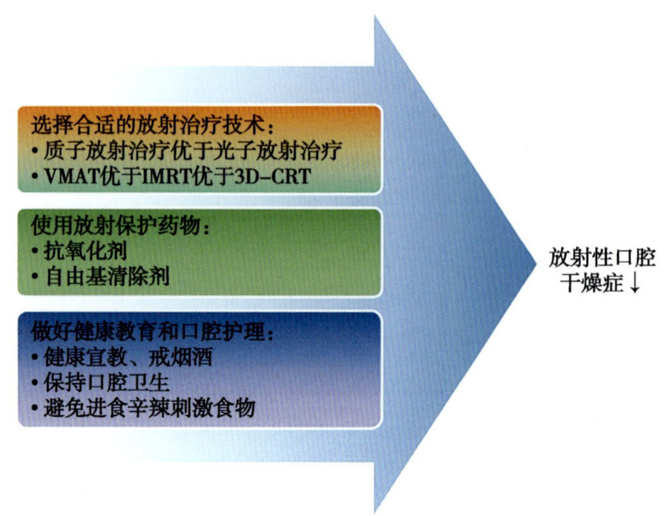

图 6-1 放射性口腔干燥症的预防措施

VMAT．容积调强放射治疗；IMRT．调强放射治疗；3D-CRT．三维适形放射治疗。

表 6-1 RTOG/EORTC 晚期放射性唾液腺损伤分级

分级	评价标准
0 级	无口干
1 级	轻度口干，唾液腺对刺激有较好的反应，不影响生活质量
2 级	中度口干，唾液腺对刺激反应较差，需要借助汤水进食
3 级	重度口干，唾液腺对刺激无反应，夜间渴醒，影响生活质量
4 级	纤维化

注：RTOG，美国肿瘤放射治疗协作组；EORTC，欧洲癌症研究与治疗组织。

表 6-2 CTCAE V5.0 口腔干燥症分级标准

分级	评价标准
1 级	有症状（口干或唾液黏稠），无明显食欲改变，非刺激唾液流量 >0.2ml/min
2 级	中度症状，进食改变（例如大量饮水或其他润滑物，进食限于菜泥、果酱，和 / 或软、湿润食物），非刺激唾液流量 0.1～0.2ml/min
3 级	经口不能获得足够的营养，鼻饲或全肠外营养，非刺激唾液流量 <0.1ml/min

注：CTCAE，常见不良事件评价标准。

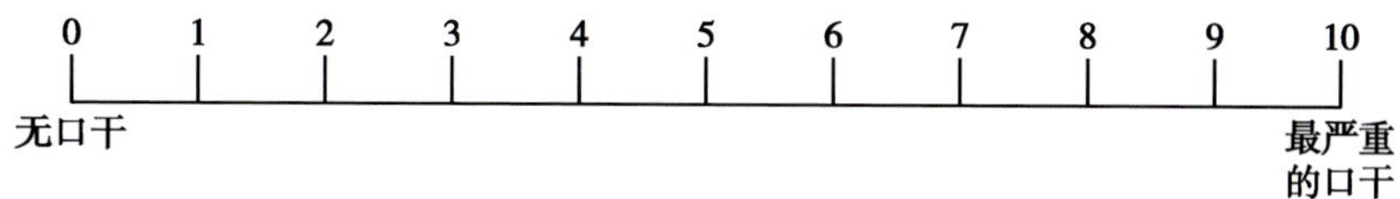

图 6-2　口干视觉模拟问卷

三、放射性口腔干燥症的诊断

（一）唾液流率

1. **诊断价值**　唾液流率能反映唾液腺的功能，与口腔干燥症之间存在较强的相关性，比问卷更准确可靠，因此可作为口腔干燥症的一个客观评价指标。

2. **检测内容**　静态唾液总流率、动态唾液总流率、单个唾液腺、小唾液腺功能等。

3. **正常值范围**　存在争议，通常取 >0.05ml/min 为正常值。

（二）口腔湿度

1. **诊断价值**　通过测量舌和颊黏膜的水分来诊断口腔干燥症，准确性高。

2. **检测设备**　目前，第三代口腔水分检测设备已广泛应用于口腔干燥症的诊断，而 Fukushima 等人首先确认了第四代检测设备的有效性和可靠性。

3. **检测难点**　放置在口腔黏膜上的仪器传感器的力度很难控制。

（三）影像学检查

用于放射性口腔干燥症诊断的各项影像学检查手段的特点见表 6-3。

表 6-3　放射性口腔干燥症诊断的影像学检查手段及特点

检查手段	优势	局限性
增强 CT	具有较好的结构和空间分辨率，可以较准确地检查唾液腺的外观和囊性	具有一定的电离辐射
超声成像	根据超声扫描获得的信息评估唾液腺腺体功能，如大小、炎症和同质性	对操作者的熟练程度要求高
磁共振成像	判断唾液腺损伤，具有高安全性和高精确度	检查费用较高
核素扫描	操作简单、重复性高、患者耐受性好	缺乏准确的定量参考值

四、放射性口腔干燥症的治疗

目前尚无治疗放射性口腔干燥症的有效药物，通常以缓解症状为主，主要治疗方法包括 M 胆碱能受体激动剂、唾液替代品和高压氧疗法，见图 6-3。

1. **M 胆碱能受体激动剂**　包括毛果芸香碱、西维美林等。

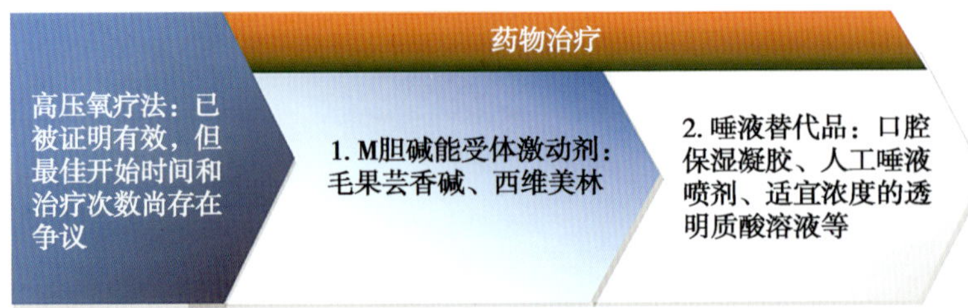

图 6-3 放射性口腔干燥症的治疗方法

2. **唾液替代品** 包括口腔保湿凝胶、人工唾液喷剂、适宜浓度的透明质酸溶液等。

3. **高压氧疗法** 已被证明可以一定程度改善患者的口干、味觉和吞咽能力，但放射治疗患者高压氧疗法的最佳开始时间和治疗次数还有待进一步研究。

五、放射性口腔干燥症的康复

放射性口腔干燥症在结束放射治疗后需要一定的恢复时间，在此期间需要对患者进行营养管理和康复（图 6-4）。具体措施包括：①出院后家庭营养指导，推荐给予高热量、高维生素软食；②使用康复新液或 4% 硼砂溶液漱口；③及时评估患者饮食与营养状况，必要时安置鼻饲管进行管喂营养；④如因口干而导致体重持续下降，需要及时到医院就诊。

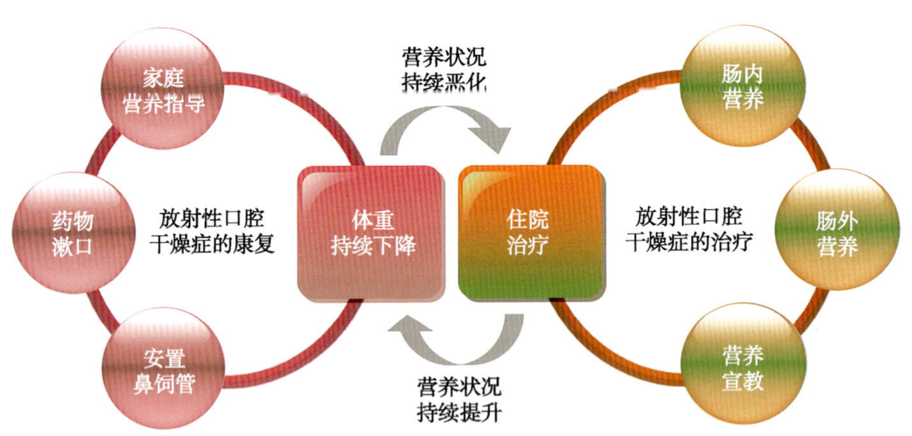

图 6-4 放射性口腔干燥症的康复方法

六、总结

关于放射性口腔干燥症的营养管理，详见图 6-5。

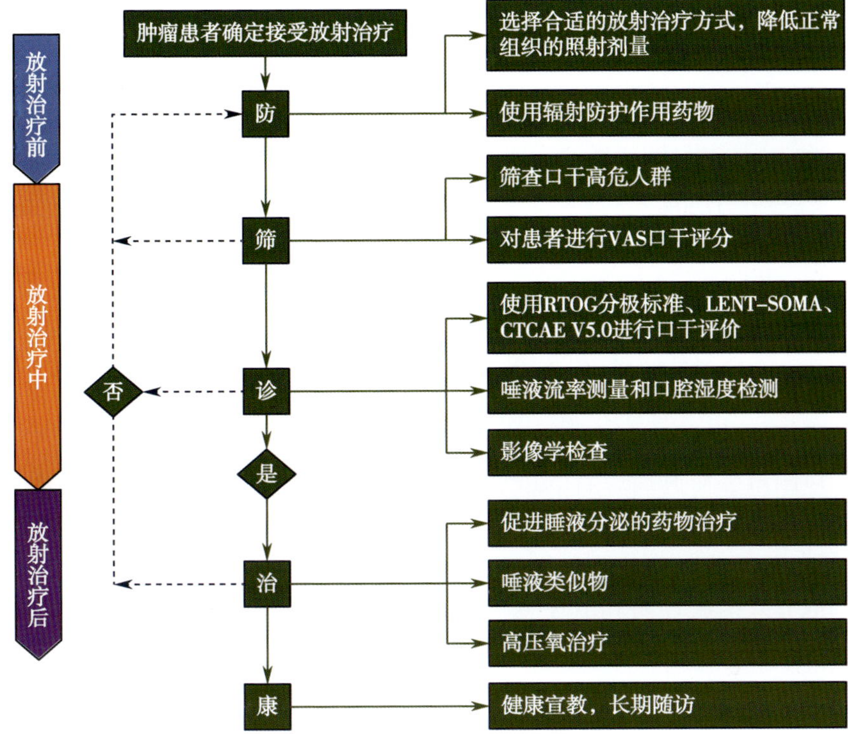

图 6-5　放射性口腔干燥症的营养管理流程

VAS. 视觉模拟问卷；RTOG. 美国肿瘤放射治疗协作组；LENT-SOMA. 晚期效应正常组织工作组 - 主观、客观、管理和分析评分系统；CTCAE. 常见不良事件评价标准。

（黎　路）

第二节　放射性张口困难的营养管理

张口困难，是指患者主动最大开口小于正常或完全不能开口。放射治疗是张口困难产生的主要原因之一。放射性张口困难主要是由于高剂量射线照射后，颞颌关节、咬肌和翼状肌的受损及纤维化引起。此外，放射性口腔黏膜炎、放射治疗引起的磨牙区牙齿的牙周炎、颌面部蜂窝组织也会导致张口困难或使其加重。张口困难通常在放射治疗后的 1～9 个月进展最快，而放射治疗不同阶段其发生率不一样。据统计，放射治疗后 6 个月，张口困难的发生率达到峰值，从基线 17.30% 增加至 44.10%，并在 12 个月时降至 32.10%，在 1～10 年平均持续 32.60%（图 6-6）。

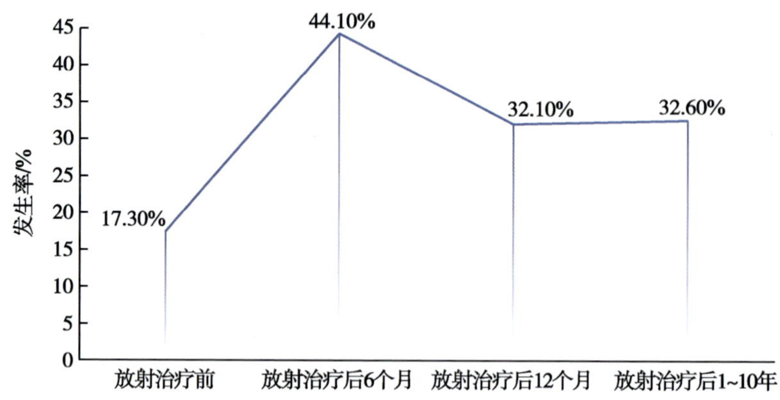

图 6-6 放射治疗不同阶段张口困难的发生率

张口困难会对肿瘤患者的进食造成严重的影响，尤其是重度张口困难患者通常只能通过流质饮食、肠外营养等方式获取营养。此外，张口困难还可引起患者说话困难，产生社会心理问题，对患者的生活质量有着深远影响。因此，我们需要采取有效措施预防和治疗患者放射治疗所致张口困难，保障患者的营养状况，提高患者治疗疗效和生活质量。

一、放射性张口困难的预防

放射线损伤导致的张口困难一旦出现便难以逆转，往往呈进行性加重，且尚无特异性治疗。因此，积极预防是关键，主要预防措施如下（图 6-7）：

1. **尽早开始开口运动锻炼** 放射治疗引起颞下颌关节和咀嚼肌的纤维化形成需要一定的时间，随着纤维组织的成熟，开口运动对缓解张口受限效果欠佳，因此应尽早进行开口运动。研究表明，放射治疗期间进行开口运动能有效预防张口困难的发生并减轻其严重程度。

2. **利用先进的放射治疗技术，降低咀嚼肌和颞下颌关节的辐射剂量** 张口困难与咀嚼肌和颞下颌关节的活动能力存在相关性，因此减少上述肌肉的照射剂量可以减少张口困难的发生率。新的放射治疗技术如调强放射治疗能够降低颞下颌关节的受照射剂量，从而降低放射治疗引起的张口困难的发生率和严重程度。

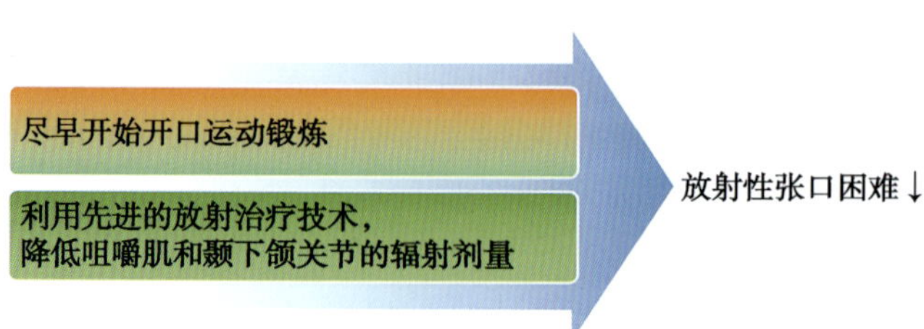

图 6-7 放射性张口困难的预防措施

二、放射性张口困难的筛查

目前国际上尚无放射治疗相关的张口困难筛查指南或共识，但已有一些研究对张口困难的影响因素和潜在预测因子进行了探索。我们可以根据这些因素，对张口困难的高危人群进行早期筛查，从而做到早发现、早干预。

影响和预测放射性张口困难的因素主要如下（图 6-8）：

1. **肿瘤分期**　较晚的肿瘤分期与放射治疗患者张口困难发生率高相关。

2. **治疗前血红蛋白与血小板比值**　患者治疗前血红蛋白与血小板比值越低，放射治疗后张口困难的风险可能会显著增加。

3. **合并颞下颌关节紊乱综合征**　该综合征在头颈肿瘤患者中很常见。合并颞下颌关节紊乱综合征的患者放射治疗后张口困难的发生率更高。

4. **肿瘤部位**　不同部位的肿瘤，放射治疗后张口困难的发生率也不同。与下咽癌或喉癌的患者相比，口腔癌和口咽癌的患者张口困难的发生率较高。口腔癌患者中颊黏膜癌患者张口困难的发生率最高，而咽旁恶性肿瘤患者大多在诊断时已有张口困难症状。另外，当肿瘤位于磨牙后区或口咽部比位于口底或舌前 2/3 时，发生张口困难的风险更大。

5. **联合治疗**　当患者接受多种治疗手段时，其张口困难的风险更高，如手术合并术后放射治疗患者的张口受限发生率显著高于单纯放射治疗的患者。另外，张口困难的发生率可随放射治疗剂量的递增而增加。

6. **放射治疗剂量**　咀嚼肌接受照射剂量越高，张口困难的发生率越高。一项研究发现，肿瘤患者在没有放射治疗的情况下张口度平均可达 38mm，而接受平均 50Gy 剂量的辅助放射治疗后平均张口度仅为 27mm，而一旦照射剂量超过 60Gy，张口困难的发生率则显著增加。研究还发现，翼内肌接受的辐射剂量越大，张口受限的发生率越高。翼内肌每增加 10Gy 的额外照射量，张口困难的发生率增加 24%。

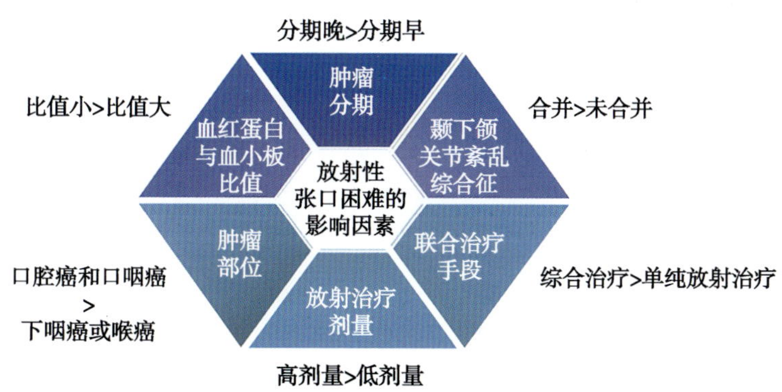

图 6-8　放射性张口困难的影响因素

三、放射性张口困难的诊断

张口困难的诊断主要借助于对患者最大张口度的测量。测量时，患者处于直立位置并最大限度张口，测量上下颌中切牙切缘间的距离即最大切牙间距离(maximal interincisal opening，MIO)，代表最大开口度。对于缺牙或无牙颌者，可在戴假牙时测量MIO；若未戴假牙，可测量最大张口状态下，上、下颌牙槽嵴顶间的距离。成人MIO的正常范围为37～45mm。国际上对于张口困难尚没有统一的诊断标准，最常用的诊断标准为MIO≤35mm。

临床上可以采用更简易的方法来判断患者的张口度。正常成人的张口度可达到3根手指，即上下颌切牙尽可能张大时，可以达到示指、中指、无名指并排竖列可放入的高度。如患者口中不能容纳3根手指高度，通常被认为存在张口困难。张口困难的分度(表6-4)：①Ⅰ度(轻度)，上下切缘间距仅可置入2横指，MIO为20～25mm；②Ⅱ度(中度)，上下切缘间距仅可置入1横指，MIO为10～<20mm；③Ⅲ度(重度)，上下切缘间距不到1横指，MIO<10mm；④Ⅳ度(完全性张口受限)，完全不能张口，也称牙关紧闭。

表6-4 张口困难分度

张口困难分度	Ⅰ度	Ⅱ度	Ⅲ度	Ⅳ度
MIO/mm	20～25	10～<20	<10	
简易方法(上下切缘间距)	可置入2横指	仅可置入1横指	不到1横指	完全不能张口

注：MIO，最大切牙间距离。

四、放射性张口困难的治疗

张口困难暂无特异性治疗手段，目前的治疗以控制张口受限的进展、恢复功能、保障患者充足的营养摄入为主(图6-9)。

1. **运动治疗** 运动治疗通常被认为是治疗张口困难的主要方法，单独使用或与其他方式联合使用均能取得较好的效果。运动治疗的方法较多，最简单的方法是主动下颌运动练习，包括以下几个步骤：患者反复张口和闭口；患者稍张开嘴，缓慢地向左移动下颌，随后向右移动；患者将下颌向下伸、前伸、回到原来的位置。运动治疗应该循序渐进，先进行小开口，使下颌尽力下降到10mm，而后逐渐增加活动量，过渡到大开口运动。

2. **手法治疗** 手法治疗也是改善放射治疗后张口困难的重要方法之一。首次手法治疗后改善收益最大，尽管增益较小，但多次的手法治疗能更好地改善张口困难。当与传统的运动治疗相结合时，手法疗法可能是有益的一线或辅助治疗方式。

3. **全身麻醉下强迫张口**　全身麻醉下强迫张口是另一改善患者牙关紧闭的方法，但效果往往是短暂的，并且可能并发牙槽骨折和邻近软组织破裂等并发症。

4. **手术治疗**　用于缺损组织重建的传统非显微外科手术（包括颊脂垫、舌瓣、鼻唇瓣、刃厚皮片移植，纤维化咬肌、翼内肌切断术及冠状突切除术）、显微外科游离皮瓣重建手术、颞颌关节内镜松解术以及内镜下关节腔灌洗术等均可以改善张口困难。

5. **肉毒杆菌毒素注射**　肉毒杆菌毒素注射对治疗放射性纤维化综合征的特定并发症具有潜在益处，包括张口困难、放射性颈肌张力障碍、三叉神经痛等。

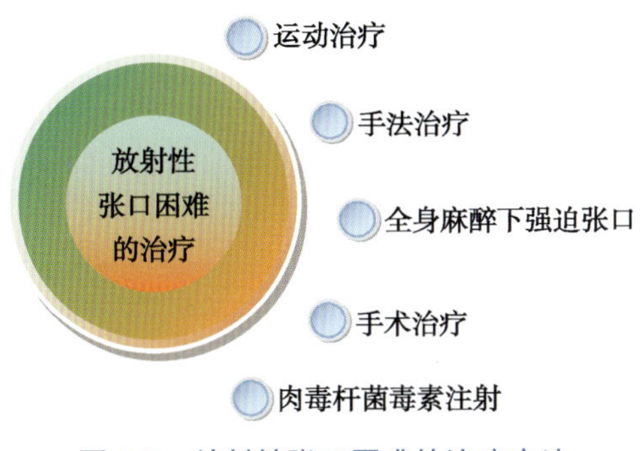

图 6-9　放射性张口困难的治疗方法

五、放射性张口困难的康复

康复训练对于放射性张口困难患者具有重要意义。康复训练需要制订详细的康复计划，包括：①向每位患者分发一本指导手册，详细描述运动方案、周期数和每日计划；②每位患者指定一名监护人，负责监督患者日常训练；③为每位患者专门设计并提供康复日历，患者和监护人在日历上记录患者是否完成训练练习。

放射性张口困难目前常见的康复措施见图 6-10。

1. **关节区及肌肉按摩**　按摩区域重点为颞下颌关节区及颈部肌肉。仅可用于早期的康复训练。如放射治疗后期，患者出现皮肤损伤，则需暂停按摩。

2. **热敷**　随放射治疗剂量增加，如患者出现湿性脱皮、坏死等，此时应终止热敷。

3. **骨牵引**　由于牙齿及下颌骨的平均受力不易掌握，存在下颌骨骨折、咬肌断裂的危险，特别是有牙齿疾患的患者禁用此方法。

4. **张口训练操**　目前的训练形式较多，尚未统一。

5. **张口辅助器材**　包括咬合板、软木塞、螺旋开口器、牙垫等支撑器材，没有明确的量化指标，对于依从性较差的患者干预效果欠佳。

6. **饮食调整**　早期开始康复训练对于防止张口困难的进展至关重要，还可将饮食调整与进餐时的康复训练相结合。对于张口困难患者，浓汤饮食可以提高吞咽的效率和安全性，并保证患者的营养需求。

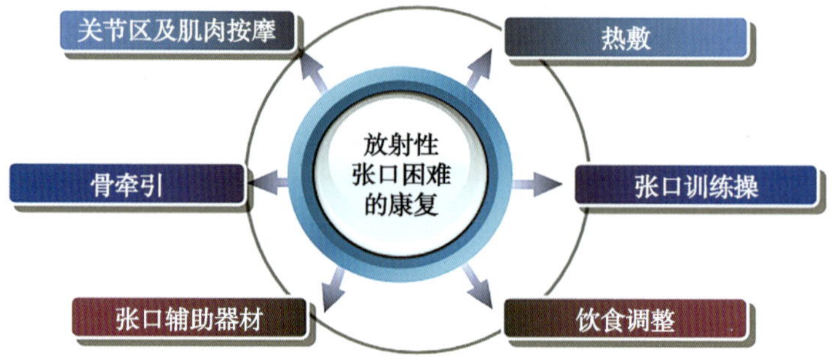

图 6-10 放射性张口困难的康复方法

六、总结

放射性张口困难的营养管理见图 6-11。

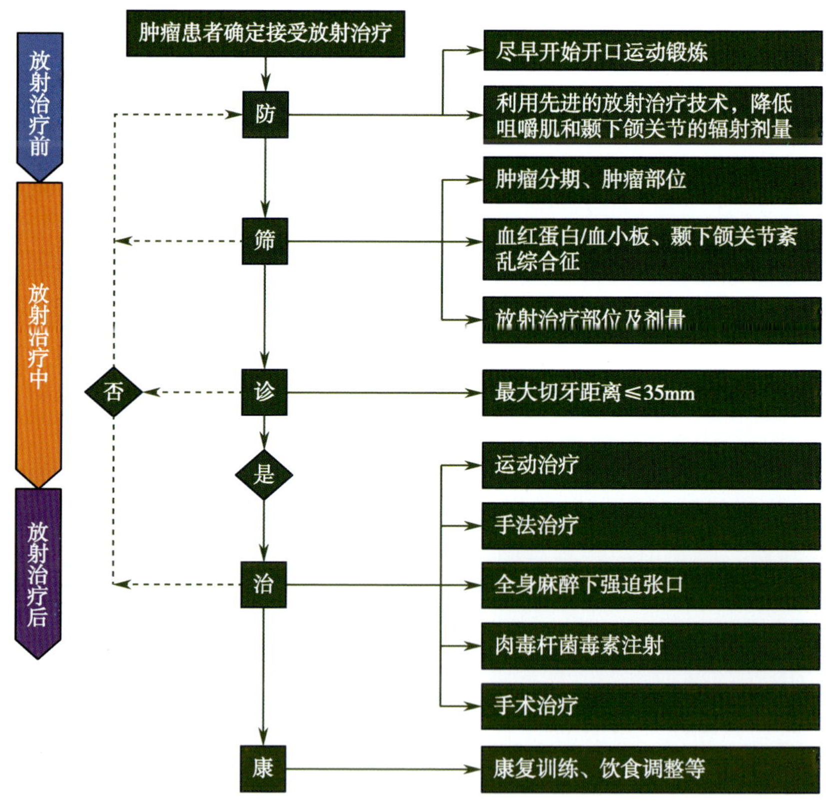

图 6-11 放射性张口困难的营养管理

（程迪鸥）

第三节　放射性吞咽障碍的营养管理

吞咽是指食物经口摄入并经咽腔和食管传送入胃的全过程。吞咽障碍是指由于下颌、双唇、舌、软腭、咽喉、食管等器官结构和/或功能受损，不能安全有效地把食物输送到胃内的过程。吞咽障碍是临床常见的一种症状，多种疾病均可导致吞咽障碍，放射性吞咽障碍是头颈部肿瘤患者常见的并发症之一。

吞咽障碍可能会导致肿瘤患者多种并发症的发生，其中营养不良是发生率最高且最需要格外关注的问题。放射性吞咽障碍易引发误吸、吸入性肺炎及营养不良等并发症，如不尽早干预，放任吞咽障碍进展，容易导致患者肿瘤治疗进程的中断，严重者出现多器官衰竭，甚至危及生命。放射性吞咽障碍的规范防治可提升放射治疗患者的治疗依从性，提升患者生活质量，有利于患者生存率的提高。因此，进行吞咽障碍营养康复管理目标为：促进吞咽障碍患者功能恢复，减少和/或缩短管饲喂养，尽早实现经口进食，让患者食之有味，享受美食乐趣，增进营养，减少营养不良和感染的发生率，缩短住院时间，减少医疗费用，促进患者尽早回归家庭和社会。

一、放射性吞咽障碍的预防

吞咽障碍是头颈部肿瘤患者最常见的放射治疗副反应之一。一项共纳入238名头颈部肿瘤放化疗患者的前瞻性队列研究发现，患者在放射治疗后12个月和24个月时2～4级吞咽障碍的发生率分别为22%和14%。针对如此高的发生率，做好吞咽障碍的早期预防是十分必要的，主要的预防方法如下（图6-12）：

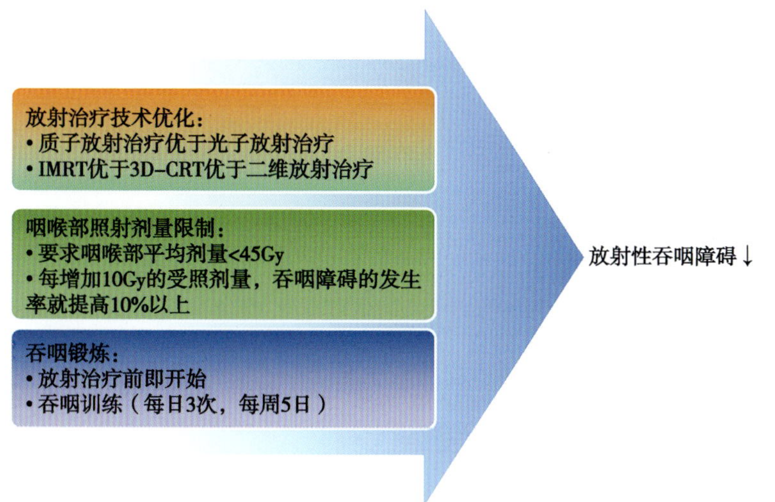

图6-12　放射性吞咽障碍的预防

IMRT．调强放射治疗；3D-CRT．三维适形放射治疗。

1. **放射治疗技术优化** 相对于二维放射治疗和三维适形放射治疗，调强放射治疗的使用极大程度地减少了吞咽障碍的发生率及严重程度。

2. **放射治疗剂量限制** 研究证明，咽喉部的受照射剂量与患者吞咽障碍的发生率密切相关，而45Gy是评估咽喉部剂量限制的最优阈值。当咽喉部的平均受照剂量达到50Gy时，吞咽障碍的发生率约为20%，而每增加10Gy的受照剂量，吞咽障碍的发生率就提高10%以上。

3. **吞咽锻炼** 吞咽锻炼能够有效地减少患者吞咽障碍的发生及降低严重程度。推荐患者在接受放射治疗前即开始进行吞咽训练（每日3次，每周5日，连续21周），以预防放射治疗相关吞咽障碍。

二、放射性吞咽障碍的筛查

目前临床常用的吞咽障碍的筛查方法有以下几种：

1. **反复唾液吞咽试验** 计算30秒内反复吞咽的次数，如少于3次则为异常，与误吸的相关性高，是一种安全的筛查检查。具体操作方法见图6-13。

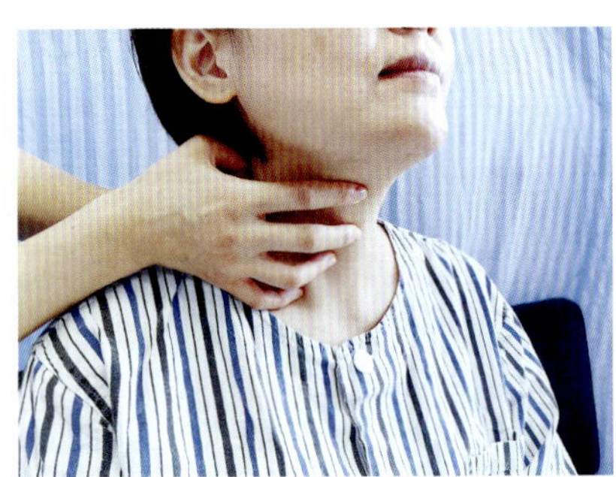

- 以吞咽反射作为重要参照
- 示指：下颌窝
- 中指：舌骨
- 无名指：甲状软骨
- 小指：环状软骨
- 观察喉部能否上升、下降2cm作为指标

图6-13 反复唾液吞咽试验

2. **洼田饮水试验** 由日本人洼田俊夫在1982年设计提出，通过在5秒内将30ml水一次喝完，观察所需时间和呛咳情况，从而筛查患者有无吞咽障碍及其程度，安全快捷。具体筛查标准见图6-14。

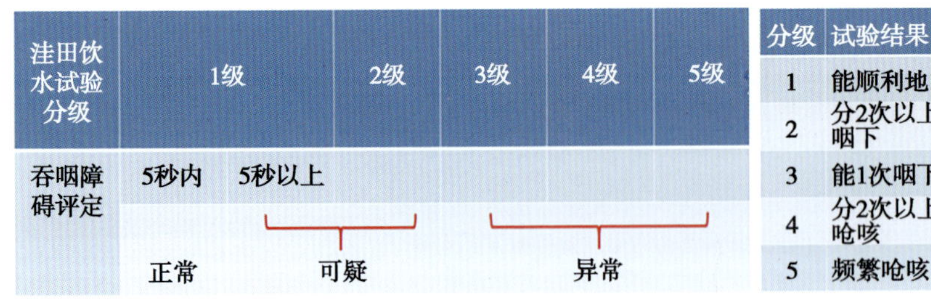

洼田饮水试验分级	1级		2级	3级	4级	5级
吞咽障碍评定	5秒内	5秒以上				
	正常	可疑		异常		

分级	试验结果
1	能顺利地1次将水咽下
2	分2次以上，但不呛咳咽下
3	能1次咽下，但有呛咳
4	分2次以上咽下，但有呛咳
5	频繁呛咳，不能全部咽下

图6-14 洼田饮水试验

3. **改良饮水试验** 采用饮用3ml水筛查，降低因筛查带来的误吸风险，可在饮水试验前实施。

4. 进食评估问卷调查（EAT-10） EAT-10 见表 6-5，有 10 项吞咽障碍相关问题。每项评分分为 4 个等级，0 分无障碍，4 分严重障碍，总分 3 分及以上者视为吞咽功能异常。该问卷与饮水试验合用，可提高筛查试验的灵敏度和特异度。

表 6-5　进食评估问卷调查（EAT-10）

在对应的方框中打钩，回答您所经历下列问题处于什么程度（总分 40 分）
0 没有，1 轻度，2 中度，3 重度，4 严重
1. 我的吞咽问题已经使我体重减轻：□ 0　□ 1　□ 2　□ 3　□ 4
2. 我的吞咽问题已经影响到我在外就餐：□ 0　□ 1　□ 2　□ 3　□ 4
3. 吞咽液体费力：□ 0　□ 1　□ 2　□ 3　□ 4
4. 吞咽固体费力：□ 0　□ 1　□ 2　□ 3　□ 4
5. 吞咽药片（丸）费力：□ 0　□ 1　□ 2　□ 3　□ 4
6. 吞咽有疼痛：□ 0　□ 1　□ 2　□ 3　□ 4
7. 我的吞咽问题影响到我享用食物的快乐感觉：□ 0　□ 1　□ 2　□ 3　□ 4
8. 我吞咽时有食物卡在喉咙里：□ 0　□ 1　□ 2　□ 3　□ 4
9. 我吃东西有时会咳嗽：□ 0　□ 1　□ 2　□ 3　□ 4
10. 我吞咽时感到紧张：□ 0　□ 1　□ 2　□ 3　□ 4

5. 容积黏度吞咽测试（V-VST） V-VST 是一种可以在床边进行的吞咽功能筛查方法，用于鉴别吞咽的安全性和有效性，确定患者是否有误吸和营养不良风险。该量表通过给予患者不同稠度及容积的液体，来评估吞咽的安全性和有效性，见图 6-15。

不同程度		糖浆稠度			液体（水）			布丁状稠度			蛋黄/蜂蜜稠度		
不同容积		5 ml	10 ml	20 ml	5 ml	10 ml	20 ml	5 ml	10 ml	20 ml	5 ml	10 ml	20 ml
安全性受损相关指标	咳嗽												
	音质改变												
	血氧饱和度下降												
有效性受损相关指标	唇部闭合												
	口腔残留												
	分次吞咽												
	咽部残留												

- **测试结果的评估/解释**

（1）无安全性/有效性受损
评估结果：患者无口咽性吞咽障碍
（2）有效性受损，但无安全性受损
评估结果：患者有口咽性吞咽障碍。患者可安全吞咽，但有效性受损，这可能危及患者的营养和补水状况
饮食指导原则：保证患者吞咽过程不出现有效性问题的前提下，最佳方案是选择最低稠度和最高容积的液体
（3）安全性受损（伴/不伴相关有效性问题）
评估结果：患者有口咽性吞咽障碍。吞咽过程的安全性下降提示该患者可能已经发生误吸

图 6-15　容积黏度吞咽测试

三、放射性吞咽障碍的诊断

在筛查的基础之上，需要进一步对患者的吞咽障碍的程度进行诊断。

1. **临床吞咽评估（CSE）** CSE包括全面的病史调查（病史查阅、主观评估）、口颜面功能和喉部功能评估（静止状态和活动时状态、相关反射能力）及进食评估（进食不同质地食物状况）3个部分（图6-16）。

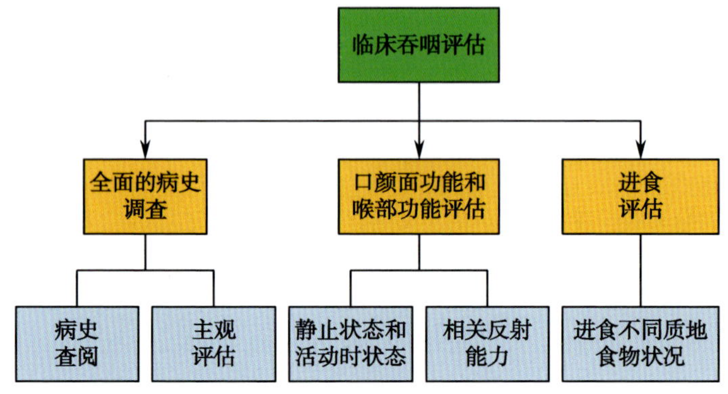

图6-16 临床吞咽评估

2. **仪器诊断** 吞咽造影录像检查（VFSS）和软式喉内镜吞咽功能检查（FEES）是确定吞咽障碍的金标准。应用仪器设备检查能更直观、准确地评估口腔期、咽期和食管期的吞咽情况，了解吞咽气道保护功能完整情况，对于诊断、干预手段选择和咽期吞咽障碍的管理意义重大。除了VFSS和FEES之外，还有测压检查、320层动态立体CT检查、超声检查、表面肌电图（sEMG）等特殊检查，可作为吞咽障碍检查的补充，有条件的机构可酌情开展（图6-17）。

图6-17 吞咽障碍仪器评估的方法

VFSS. 吞咽造影录像检查；FEES. 软式喉内镜吞咽功能检查。

吞咽障碍分级主要依据RTOG/EORTC量表，见表6-6。

表 6-6　吞咽障碍 RTOG/EORTC 量表（部位：咽和食管）

分级	描述
0 级	无变化
1 级	轻微吞咽困难，需一般的止痛药或 / 非麻醉药镇痛 / 需半流质饮食
2 级	中度吞咽困难 / 麻醉药镇痛 / 流质饮食
3 级	严重吞咽困难，脱水或体重下降 >15%/ 需胃饲或静脉输液
4 级	完全阻塞，溃疡，穿孔，窦道

注：RTOG，美国肿瘤放射治疗协作组；EORTC，欧洲癌症研究与治疗组织。

四、放射性吞咽障碍的治疗

吞咽障碍的治疗包括多个方面，以团队合作模式完成，医师、护士、治疗师各司其职，密切配合，主要包括营养管理、促进吞咽功能恢复、代偿性方案、外科手术治疗 4 个方面（图 6-18）。

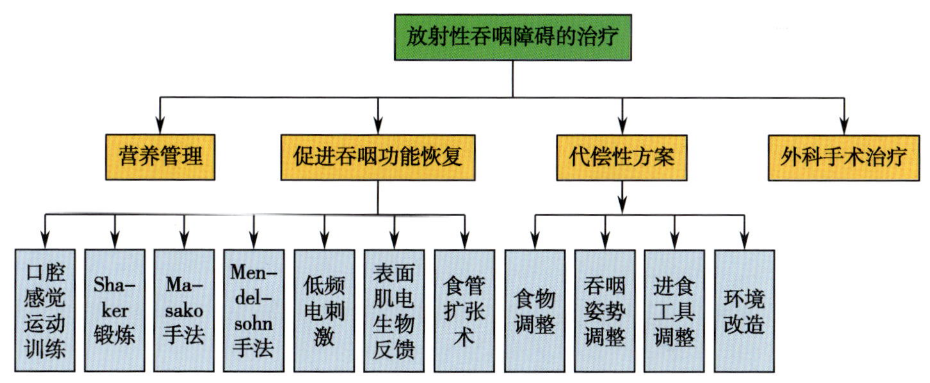

图 6-18　放射性吞咽障碍的治疗方法

（一）营养管理

吞咽障碍明显影响患者的营养状况，营养不良又可通过神经肌肉功能障碍加重吞咽障碍，互为因果形成恶性循环。因此，营养是吞咽障碍患者需首先解决的问题，应根据患者营养的主客观评估指标及功能状况选择经口进食或经鼻胃管喂食。胃食管反流严重者可选择经鼻肠管喂食、经皮内镜胃造口术或全肠道外营养等。

（二）促进吞咽功能恢复

1. 口腔感觉运动训练　针对口腔期吞咽障碍患者的舌肌运动、口腔浅深感觉、反射异常设计的一系列训练技术。

（1）舌压抗阻反馈训练：借助舌压抗阻反馈训练仪，通过舌的主动上抬与硬腭贴近挤压球囊，显示屏上数字变化，给予训练者实时反馈。

（2）舌肌主被动康复训练：用吸舌器直接牵拉舌头做各方向被动运动治疗，或嘱患者做主动伸、缩舌运动，治疗师施加抗阻运动。

（3）K点刺激：K点位于后磨牙三角高度，腭舌弓和翼突下颌缝中央位置，包括一系列的刺激方法和餐具选择方法，以促进张口和诱发吞咽反射（图6-19）。

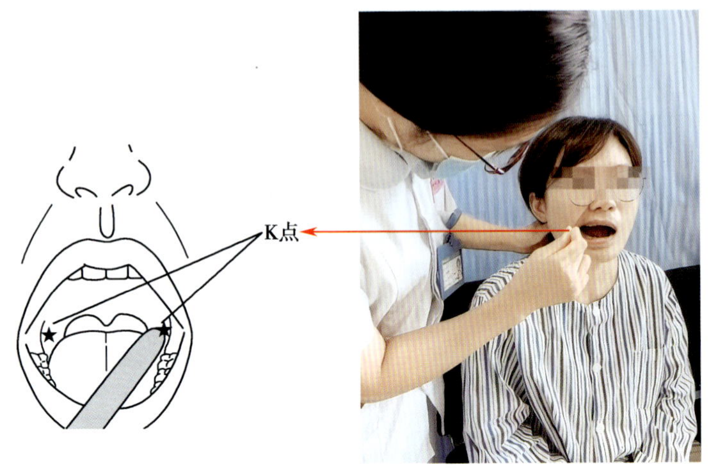

图6-19 K点刺激法

（4）口面部震动刺激：用改良的震动棒刷擦口腔内颊部、舌部或面部，给予这些部位深浅感觉刺激，提高口面部的运动协调能力。

（5）气脉冲感觉刺激：通过气流冲击刺激口咽腔黏膜诱发吞咽反射，提高口咽腔黏膜敏感性，加快吞咽启动（图6-20）。

2. **Shaker锻炼** 通过提高食管上段括约肌开放的时间和宽度，促进吞咽后因食管上段括约肌开放不全而引起的咽部残留食物的清除（图6-21）。具体操作方法为：患者仰卧于床上，肩不离开床面，尽力使双眼盯住脚尖，保持1分钟。头放松回原位，再保持1分钟，重复此动作30次以上。

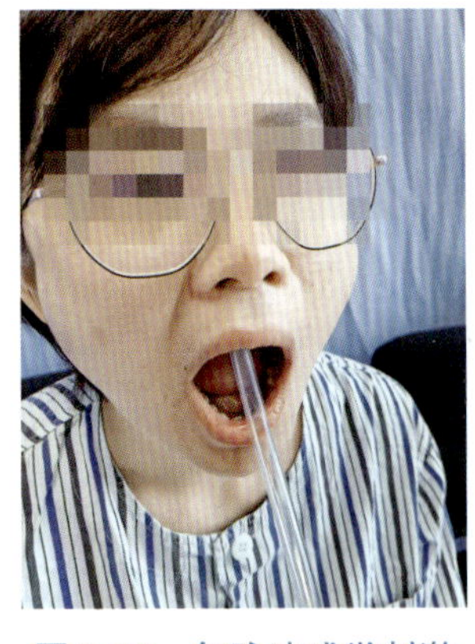

图6-20 气脉冲感觉刺激

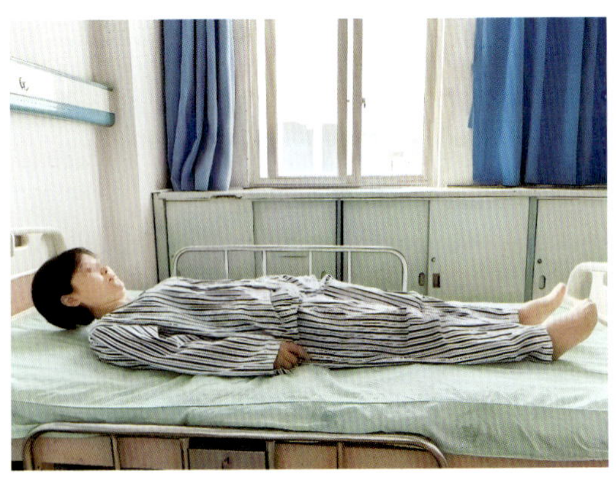

图6-21 Shaker锻炼

3. **Masako 手法** 又称舌前方保持吞咽训练，是一种在舌根部水平改善咽闭合的技术，通过咽后壁的更大运动发挥它的作用（图 6-22）。

4. **Mendelsohn 手法** 该法通过被动抬升喉，增加环咽肌开放的时间与宽度，避免误吸，改善整体吞咽的协调性（图 6-23）。

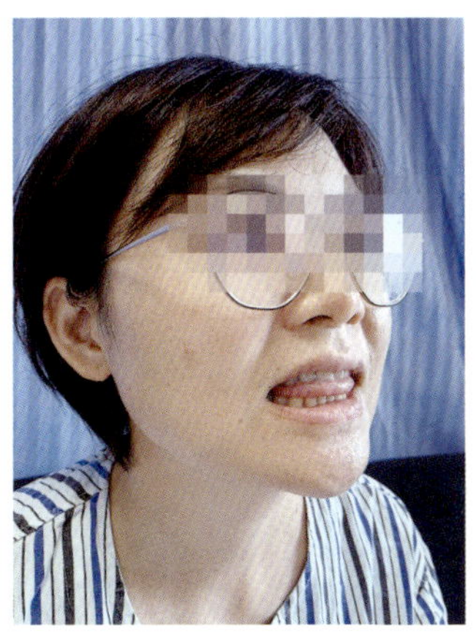

图 6-22 Masako 手法

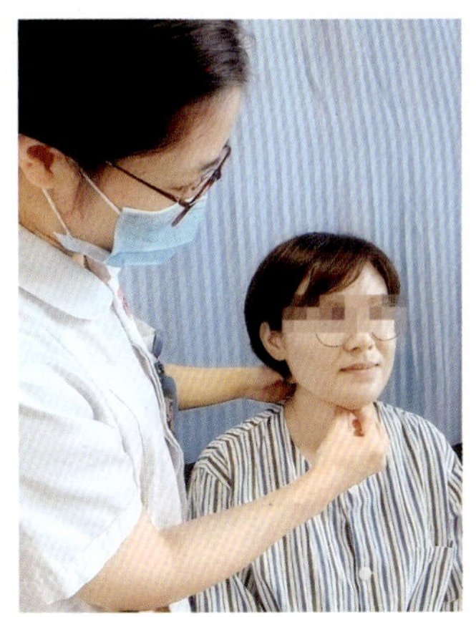

图 6-23 Mendelsohn 手法

5. **低频电刺激** 频率 <1 000Hz 的电流刺激，称为低频电刺激。目前较多使用的有神经肌肉电刺激疗法、经皮神经电刺激疗法、电针灸等。

6. **表面肌电生物反馈训练** 通过表面电极监测肌肉活动，为患者提供肌肉收缩力量大小和时序的视觉提示，并通过肌电声音、波形反馈及语言提示，训练患者，提高吞咽肌群的力量和协调性。

7. **食管扩张术** 广义的食管扩张术主要用于食管良性狭窄，如先天性狭窄、手术后吻合口狭窄、化学灼伤性狭窄、肿瘤放射治疗后单纯瘢痕性狭窄、消化性狭窄、环咽肌或贲门失弛缓症等引起的吞咽障碍治疗。治疗方法包括改良的导管球囊扩张术、内镜下扩张术、胃咽橡胶梭子扩张术、切开术和支架置放术。

（三）代偿性方案

1. **食物调整** 食物调整的方法包括 3 个方面：摄入液体的调整、食物质地调整和一口量的调整（图 6-24）。

（1）摄入液体的调整：根据吞咽造影录像检查结果，针对单纯饮水呛咳的患者，可以加凝固粉将液体调稠，减少误吸和呛咳的机会。

（2）食物质地调整：根据评估来选择食物质地，如软食、切碎的食物、爽滑的浓流质、稀流质。

（3）一口量的调整：调整每口进入口腔的食物，旨在利于口腔期食团形成、食团向咽腔推送以及顺利进入食管，推荐的进食一口量以 5～20ml 为宜。

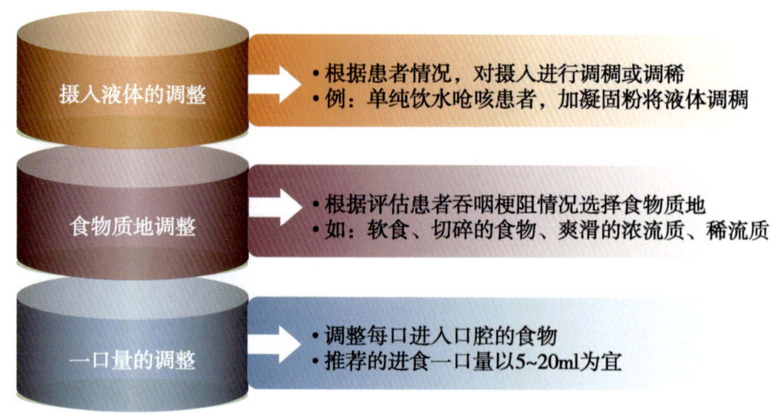

图 6-24 吞咽梗阻食物调整法

2. **吞咽姿势调整** 让患者的头部或身体改变某种姿态即可缓解吞咽障碍的症状，改善或消除吞咽时的误吸症状。如在吞咽时通过头颈等部位的姿势调整使吞咽通道的走向、腔径的大小和某些吞咽器官的组成结构（如喉、舌、勺状软骨）的位置有所改变和移动，避免误吸和残留，消除症状。

3. **进食工具调整** 根据评估结果，对于儿童而言选择母乳喂养、奶瓶喂养或茶匙、杯子、吸管及其他喂食工具，对于成人选择杯子、勺子、吸管、缺口杯等。

4. **环境改造** 环境的调节，如减少干扰、降低噪声、增亮照明、促进社交互动等可以改善进食体验。

（四）外科手术治疗

对于经康复治疗无效或代偿无效的严重吞咽障碍，可以采取外科手术治疗等。

五、放射性吞咽障碍的康复

对患者放射性吞咽障碍进行康复，主要包括 3 个方面的内容，即口腔护理、饮食管理和健康教育（图 6-25）。

（一）口腔护理

常见口腔护理方法如下：

1. **含漱法** 适用于洼田饮水试验 3 级以下的吞咽障碍患者，嘱患者选择适宜的漱口液进行漱口。

2. **特殊口腔护理** 针对气管插管患者满足口腔清洁，避免误吸。由双人操作，一人固定插管于患者前额，另一人清洁口腔。

3. **负压冲洗式刷牙法** 适用于昏迷、气管插管、气管切开或洼田饮水试验 2 级以上的吞咽障碍患者。由护士操作，用冲吸式口腔护理吸痰管的进水腔在

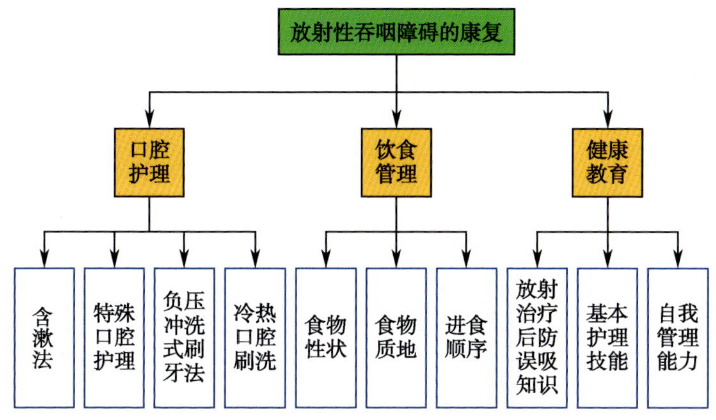

图 6-25 放射性吞咽障碍的康复

冲洗口腔后及时将水分和口腔分泌物通过吸水腔吸走，硅胶刷毛在口腔内不断刷洗。

4. **冷热口腔刷洗** 此方法是通过对患者口腔肌群的冷、热刺激，在清洁口腔的同时，早期介入口腔运动，有效地促进舌肌、颊肌、咀嚼肌及咽喉部肌群训练。

（二）饮食管理

根据患者吞咽功能、营养状态和医师、治疗师建议，选择不同的进食途径，并给予相应的饮食护理和管道护理。

为患者选择和调配合适的食物种类和性状，重点考虑以下几方面：

1. **理想的食物性状** 密度均匀，黏度适当，有一定硬度，不易松散，通过咽部时易于变形且不易残留。

2. **合适的食物质地** 根据吞咽障碍的程度，本着先易后难的原则来选择和准备食物，糊状食物不易误吸，液状食物容易误吸。

3. **科学的进食顺序** 先糊状食物，吞咽功能明显改善后逐渐过渡到软饭等食物，最后可进食普通食物和液体食物。

（三）健康教育

住院期间对照顾者做好防误吸知识及基本护理技能指导，出院计划包括对患者自我管理能力及家属照顾能力的培训。

六、总结

关于放射性吞咽障碍的营养管理见图 6-26。

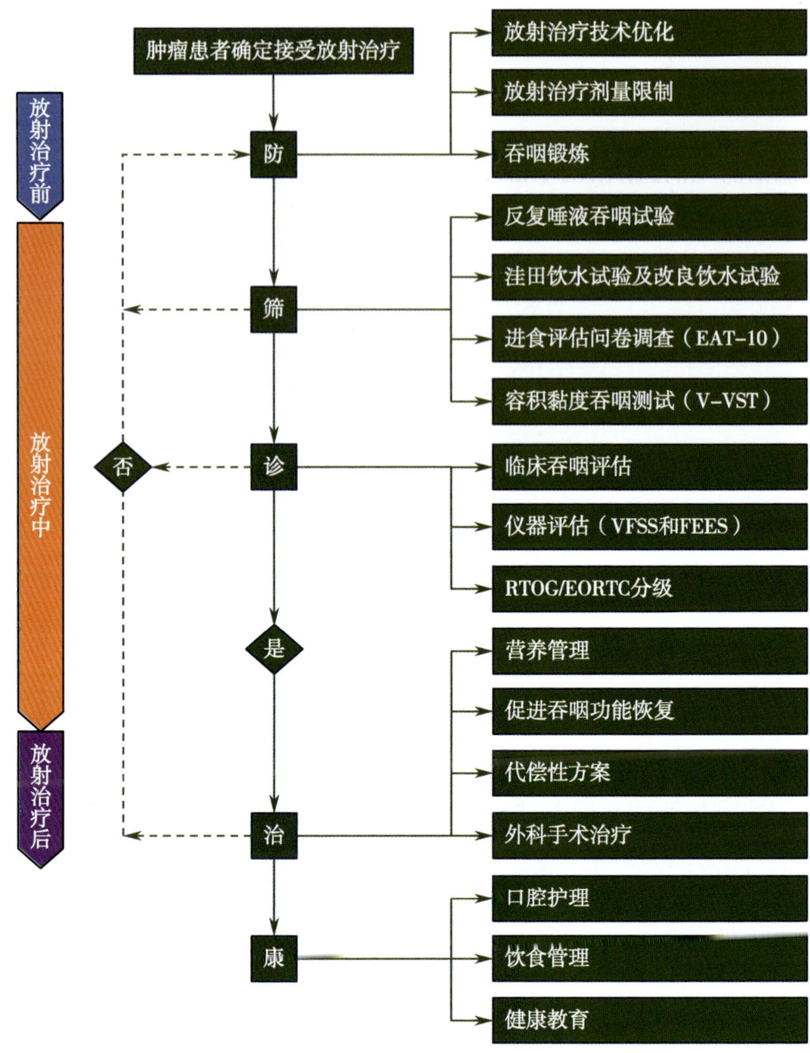

图 6-26 放射性吞咽障碍的营养管理流程

VFSS. 吞咽造影录像检查；FEES. 软式喉内镜吞咽功能检查；RTOG. 美国肿瘤放射治疗协作组；EORTC. 欧洲癌症研究与治疗组织。

（匡 浩）

第四节 放射性味觉减退的营养管理

味觉与听觉、触觉、视觉、嗅觉等均是人体最重要的感觉功能，它不仅可以让人类分辨出酸甜苦鲜咸等味道，进而影响食欲和营养状态，同时还作为一种重要的保护机制，防止有毒有害物品通过进食进入人体（图 6-27）。例如：①酸味通常是牛奶、肉类等食物腐烂的信号；②苦味会给大多数人带来令人厌恶的体验，而类似植物代谢物、合成化学物质等有害化合物会刺激苦味味觉的发生；③甜味可以让人产生愉悦感，有助于识别能量丰富的食物如碳水化合物存在的信号，对机体具有很大的吸引力；④咸味有助于平衡盐分在体内的含量，当体内的钠盐水平低于阈值时，机体渴望摄入更多的盐分补充钠含量。

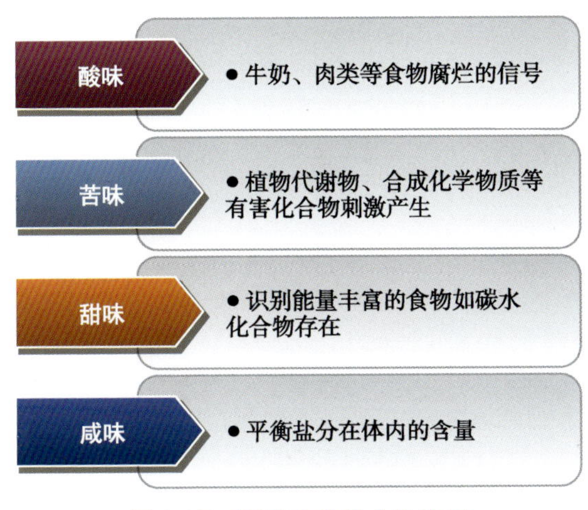

图 6-27　不同味道的食物信号

由于味觉的评估只能通过患者自身主观进行感受，无法量化，所以往往容易被忽视。对于接受放射治疗的肿瘤患者，特别是头颈部恶性肿瘤患者，放射性味觉减退（radiation induced dysgeusia，RID）的发生率高达 75%。基于以上原因，对放射性味觉减退进行营养管理非常重要。

一、放射性味觉减退的预防

进食时，味蕾上的味觉受体细胞通过面神经及舌咽神经将不同的化学刺激传输到脑干并分辨出不同的味觉。放射性味觉减退的发生主要是由于射线导致味蕾及味觉受体细胞的损伤。近期研究发现，味觉障碍的严重程度与口腔和舌头接受的辐射剂量呈正相关关系。因此，对于放射性味觉减退可以通过以下几个方面进行预防（图 6-28）。

1. **放射治疗时软木塞等口腔填充物的使用**　使用软木塞等口腔填充物可使舌头、唾液腺等正常组织所接受的放射治疗剂量降低，从而降低味觉减退的发生率和严重程度。

2. **采用先进放射治疗技术，降低舌、口腔、口咽等部位的照射剂量**　研究显示，在口咽癌的放射治疗中，调强质子放射治疗技术（IMPT）与调强放射治疗（IMRT）相比，患者食欲和味觉减退明显减轻。

3. **药物使用** 放射治疗开始前和放射治疗中使用维生素、谷氨酰胺、辐射保护剂等药物，并叮嘱患者在放射治疗过程中主动记录每日的唾液、味觉变化情况，争取第一时间发现可能出现的副反应并及时进行处理。

4. **口腔护理** 口腔护理可以有效预防放射性味觉减退的发生。研究证实，使用氯已定、碳酸氢钠、口腔冲洗等措施可以有效预防或减少患者味觉障碍的发生和降低其严重程度。

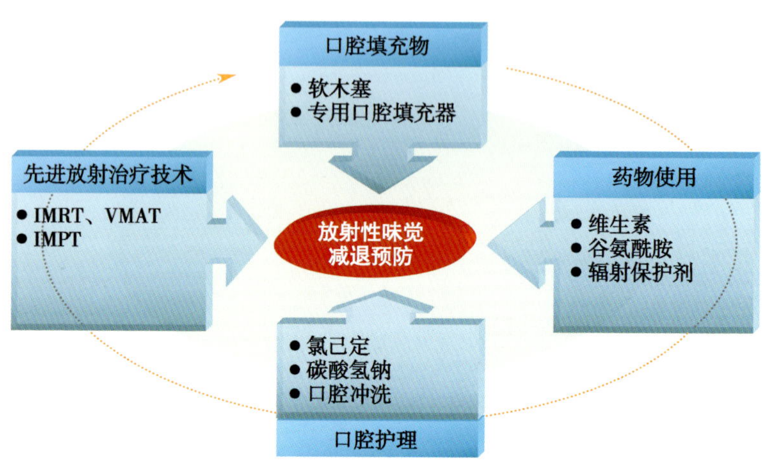

图 6-28 放射性味觉减退的预防方法

IMRT. 调强放射治疗；VWAT. 容积弧形调强放射治疗；IMPT. 调强质子放射治疗技术。

二、放射性味觉减退的筛查

放射性味觉减退一般包括味觉减退或消失、味觉倒错、幻味觉等几种类型。由于味觉以患者主观感受为主，往往难以进行评估和量化。尽管如此，在放射治疗开始前及放射治疗中应对患者进行味觉障碍筛查，以了解患者味觉状况的基线状态。

目前临床常用的味觉筛查方法主要包括使用不同种类的溶液来确定患者的味觉阈值并让患者识别出不同的味觉类型。常用的味觉障碍筛查方法包括全口腔测试法和滤纸盘法。

（一）全口腔测试法

全口腔味觉功能检查包括酸、甜、咸、鲜、苦 5 种味剂，每种味剂包含 7 个浓度梯度，采用伪随机顺序，从最低浓度开始，分别记录每种味剂的感知和识别得分。2 周后由同一操作人员以相同方法进行第 2 次味觉功能检查。全口腔味觉功能检查法总计 35 种不同浓度的味剂溶液，见表 6-7。

表 6-7　味剂溶液浓度　　单位：g/ml

浓度梯度	味觉得分	酸 柠檬	甜 蔗糖	咸 氯化钠	鲜 谷氨酸钠	苦 奎宁
C1	7	0.000 242 5	0.002 4	0.000 3	0.001	0.000 012 5
C2	6	0.000 485	0.004 8	0.000 6	0.002	0.000 025 0
C3	5	0.000 97	0.009 7	0.001 2	0.004	0.000 050 0
C4	4	0.001 95	0.019 5	0.002 4	0.008	0.000 1
C5	3	0.003 91	0.039 0	0.004 8	0.016	0.000 2
C6	2	0.007 82	0.078 1	0.009 6	0.032	0.000 4
C7	1	0.015 64	0.156 2	0.019 2	0.064	0.000 8

（二）滤纸盘法

用 15cm×0.7cm 的无味滤纸前端浸蘸 1cm 的嗅素液，再将其置于受检者鼻孔下方 1～2cm 处，让受检者闻嗅 2～3 次，再按由低浓度到高浓度顺序检测。把检测结果记录在以嗅物名称为横坐标、嗅物浓度为纵坐标的嗅觉表上，以反映受检者的嗅觉情况，并判断其嗅觉障碍的程度。嗅觉识别阈值 0～1.0 为嗅觉正常；1.1～2.5 为轻度嗅觉减退；2.6～4.0 为中度嗅觉减退；4.1～5.5 为重度嗅觉减退；5.5 以上为嗅觉丧失（表 6-8）。

表 6-8　滤纸盘法嗅觉测试标准

嗅觉识别阈值	嗅觉障碍程度
0～1.0	嗅觉正常
1.1～2.5	轻度嗅觉减退
2.6～4.0	中度嗅觉减退
4.1～5.5	重度嗅觉减退
5.5 以上	嗅觉丧失

一项研究招募了晚期恶性肿瘤患者并使用味觉试纸及嗅探棒对患者的嗅觉和味觉进行测试。结果发现，晚期肿瘤患者均存在不同程度的嗅觉、味觉减退。而对于接受放射治疗的头颈部恶性肿瘤患者，研究发现，94% 的患者在放射治疗后第 11 日开始出现一级味觉障碍，而 33% 的患者在放射治疗后 24 日出现二级味觉障碍。而另一项研究则发现，有 15% 的患者会长期存在味觉减退，即便放射治疗已经结束。

三、放射性味觉减退的诊断

味觉障碍的评估方法主要分为客观法和主观法两种，见图 6-29。

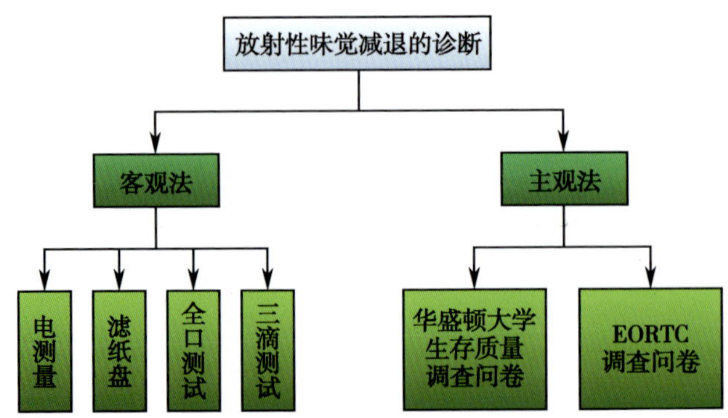

图 6-29 放射性味觉减退的诊断
EORTC. 欧洲癌症研究与治疗组织。

（一）客观评估法

一般通过让患者感受不同的溶液测定味觉阈值，包括电测量、滤纸盘、全口测试和三滴测试。其中三滴测试的使用率最高，其主要原理是利用两滴纯净水和一滴带有刺激性味道的液体对患者的味觉进行测试。

（二）主观评估法

主观评估法的种类较多，最常用的是华盛顿大学生存质量调查问卷（表 6-9 第 9 条）和欧洲癌症研究与治疗组织（EORTC）调查问卷等。

表 6-9 华盛顿大学生存质量调查问卷

内容	评分依据
1. 疼痛	□ A 我没有疼痛 □ B 我有轻微的疼痛但不需要药物 □ C 我有中度疼痛，一般止痛药药物可以控制（如去痛片） □ D 我有剧烈疼痛，只有医师处方止痛药可以控制（如吗啡） □ E 我有剧烈疼痛，没有任何药物可以控制
2. 外貌	□ A 我的外貌没有变化 □ B 我的外貌有轻微的改变 □ C 我为外貌感到烦恼，但我仍然积极活跃 □ D 我觉得自己明显变形走样，而且我的活动因此而受到限制 □ E 由于我的外貌，我不能与其他人在一起
3. 活动	□ A 我和以前一样活跃 □ B 有时我无法保持以前的步伐，但不经常 □ C 我常常感到疲倦和 / 或活动比以前缓慢，但我仍然外出 □ D 我不能外出因为我没有力气 □ E 我通常都躺在床上或坐在椅子上而且不能离开家里

续表

内容	评分依据
4. 娱乐	□ A 无论在家或是在外都没有娱乐活动上的限制 □ B 有某些事情我不能做，但我仍能外出和享受娱乐活动 □ C 很多时候我希望我能多点儿外出，但是我做不到 □ D 我所能做的娱乐活动非常有限，大多数时间我都留在家里和看电视 □ E 我无法参与任何娱乐活动
5. 吞咽	□ A 我能和以前一样吞咽 □ B 某些固体的食物我无法吞咽 □ C 我只能吞流质食物 □ D 我无法吞咽，因为食物会落入错误的通道而导致我窒息
6. 咀嚼	□ A 我能与以前一样吃东西 □ B 我能吃软的食物但不能咬某些食物 □ C 即使是软的食物我都咬不动
7. 语言	□ A 我说话和以前一样 □ B 我说某些词有困难，但是我打电话别人能听得懂 □ C 只有我的家人与朋友能听懂我说的话 □ D 我说的话没有人听得懂
8. 肩膀	□ A 我的肩膀没有问题 □ B 我的肩膀很紧但对我的活动或用力没有影响 □ C 我肩膀的疼痛或者无力使我不得不改变我的工作或者爱好 □ D 由于我的肩膀问题，我无法工作（或从事家务劳动），也无法做我爱好的事
9. 味觉	□ A 我能正常地品尝出食物的味道 □ B 我能品尝出大多数食物的味道 □ C 我能品尝个别食物的味道 □ D 我不能吃出任何食物的味道
10. 唾液	□ A 我的唾液正常 □ B 我的唾液量比正常少，但是足够 □ C 我的唾液量太少 □ D 我没有唾液
11. 情绪	□ A 我的心情很好而且不受我的病的影响 □ B 我的心情大致是好的，只是偶尔会受我的病的影响 □ C 我既没有好心情也没有因我得病而感到抑郁 □ D 我有部分因我得病而感到抑郁 □ E 我对我得病感到非常抑郁

内容	评分依据
12. 焦虑	□ A 我没有因为得病而感到焦虑 □ B 我有一点儿因为得病而感到焦虑 □ C 我因为得病而感到焦虑 □ D 我因为得病感到非常焦虑
13. 选择在过去 7 日里对你影响最大的 3 个项目	□ 疼痛 □ 吞咽 □ 味觉 □ 外观 □ 咀嚼 □ 唾液 □ 活动 □ 语言 □ 情绪 □ 娱乐 □ 肩膀 □ 焦虑
14. 与你得病之前的 1 个月相比，你如何评价你现在的健康相关生存质量？	□ 比以前好多了 □ 比以前好一点 □ 和以前差不多 □ 比以前差一些 □ 比以前差远了
15. 总的说来你认为你过去 7 日的健康相关生存质量怎样？	□ 极好 □ 比较好 □ 一般 □ 比较差 □ 极差
16. 考虑对你的个人生活有影响的所有事情，评价过去 7 日里你的总体生存质量	□ 极好 □ 比较好 □ 一般好 □ 较差 □ 极差
17. 请叙述在我们的问题中没有充分涉及，但对你的生存质量很重要的其他医学的或非医学的问题，如果必要可附加额外的纸张	

四、放射性味觉减退的治疗

放射性味觉减退发生后，可以从饮食及药物两方面进行治疗（图 6-30）。

1. **饮食方面** 推荐放射性味觉减退患者多饮水，多吃清淡食物，多摄入能够促进食欲和唾液分泌的食物，以保证患者的营养状况。

2. **药物方面** 放射性味觉减退的治疗药物包括营养神经、微量元素、促进食欲等类型的药物。对于放射性味觉障碍的临床治疗，目前并没有标准治疗方案，唯一进行过随机对照临床试验的治疗方式是锌剂治疗。除了锌剂治疗外，另一项开放标签研究还发现活性己糖相关化合物可改善恶性肿瘤患者的味觉障碍。

饮食方面	药物方面
1. 多饮水 2. 多吃清淡食物 3. 多摄入能够促进食欲的食物 4. 多摄入唾液分泌的食物	1. 营养神经 2. 微量元素 3. 促进食欲 4. 锌剂

图 6-30　放射性味觉减退的治疗

五、放射性味觉减退的康复

（一）放射性味觉减退的康复时间

目前的研究成果无法将放射治疗后味觉功能减退的严重程度及恢复情况进行量化或统一报告。放射线对味蕾造成的伤害是永久性还是短暂性仍无定论。患者发生放射性味觉障碍后一般在 2～6 个月开始恢复，但接受高剂量照射的患者可能在 1 年以后开始恢复甚至永久性味觉障碍，部分患者即使在放射治疗完成 20 年后，患者部分味觉丧失仍然普遍存在。

（二）放射性味觉减退的康复方法

与放射性味觉减退的治疗方法一样，其康复方法也包括药物和饮食两方面（图 6-31）。

药物康复	营养康复
1. 硫酸锌 2. B族维生素（B_3、B_{12}）	1. 谷氨酰胺 2. 乳铁蛋白 3. 鱼油

图 6-31　放射性味觉减退的康复方法

1. **药物康复**　临床上常用的药物包括硫酸锌和 B 族维生素（B_3、B_{12}），在放射治疗完成后持续给药 4 周左右，可促进患者放射治疗后味觉减退的康复。

2. **营养康复**　通过补充谷氨酰胺、乳铁蛋白及鱼油等可以帮助患者味觉功能更快康复。Wang 等人的一项研究纳入了 12 名放化疗后出现味觉障碍后口服补充乳铁蛋白的恶性肿瘤患者，结果发现补充乳铁蛋白 1 个月后，患者的味觉及嗅觉功能障碍均较前好转。

六、总结

放射性味觉减退的营养管理见图 6-32。

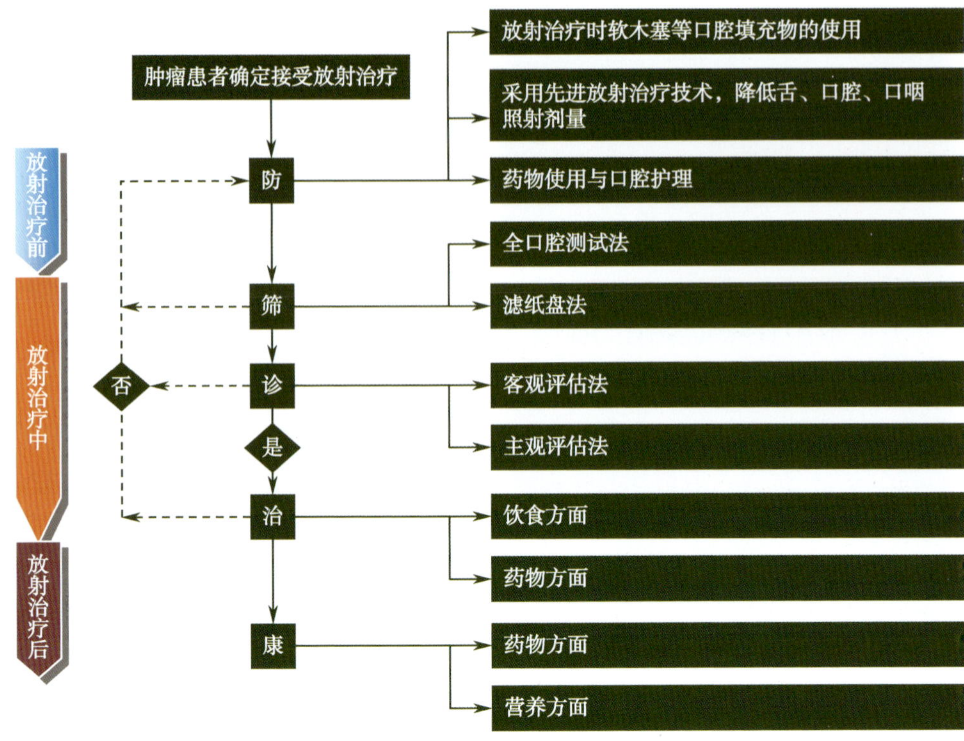

图 6-32 放射性味觉减退的营养管理

（白寒松）

第五节 放射性消化吸收功能障碍的营养管理

放射性消化吸收功能障碍是腹盆腔肿瘤放射治疗最常见的并发症之一，其按发病时间可分为急性和慢性。急性放射性消化吸收功能障碍发生在放射治疗期间至放射治疗结束 3 个月内，慢性放射性消化吸收功能障碍则发生在放射治疗结束 3 个月后，可持续至 18 个月，少部分患者可持续存在。放射性消化吸收功能障碍可能导致营养不良的发生，严重影响患者的生存质量和预后。因此，在肿瘤放射治疗过程中，我们需要高度关注患者的消化吸收功能及营养状况，从预防、筛查、诊断、治疗和康复方面对放射性消化吸收功能障碍进行综合管理。

一、放射性消化吸收功能障碍的预防

放射性消化吸收功能障碍的发生主要是由于消化道或消化器官实质损伤和细胞功能损伤。影响放射性消化吸收功能障碍发生和严重程度的主要因素包

括放射治疗技术、剂量学因素和个体因素，因此可以从以下几个方面进行预防（图 6-33）。

1. **减少消化道和消化器官的放射治疗剂量**　有研究发现，如胃肠道接受 60～80Gy 照射剂量，放射性消化吸收功能障碍的发生率可高达 50%，因此减少消化道的放射治疗剂量和体积可预防放射治疗所致消化和吸收障碍。临床中可以采用图像引导、剂量雕刻、自适应放射治疗和不同体位固定等方法减少消化道受照剂量和体积。

2. **直肠充气隔片**　直肠充气隔片可以有效减少前列腺癌等盆腔肿瘤放射治疗所致的直肠损伤，从而降低放射性消化吸收功能障碍的发生率和严重程度。

3. **药物**　药物预防急慢性放射性消化吸收功能障碍的临床研究也取得了一些进展，并得到相关指南推荐：①推荐静脉滴注辐射保护剂以预防放射性肠炎的发生；②建议口服柳氮磺吡啶，预防放射性肠炎；③建议服用含有乳杆菌等益生菌预防腹泻等放射性肠炎症状。

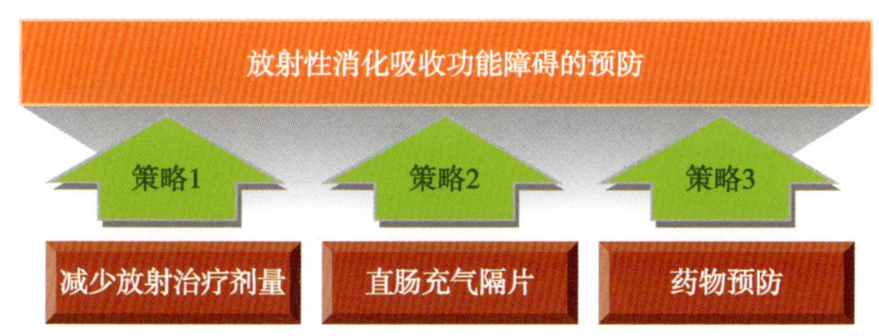

图 6-33　放射性消化吸收功能障碍的预防

二、放射性消化吸收功能障碍的筛查

目前国际上尚无放射性消化吸收功能障碍筛查指南或共识。放射性胃肠炎是引起放射治疗患者消化吸收功能障碍的主要原因，因此对于放射性胃肠炎的风险判断和易感因素分析有助于预测和筛查放射治疗相关的消化和吸收功能障碍。放射性肠炎的主要易感因素包括放射剂量较高、糖尿病、吸烟、感染等。

三、放射性消化吸收功能障碍的诊断

目前国内外尚无放射性消化吸收功能障碍明确的诊断标准，可参考急性胃肠功能障碍，主要依据临床表现、实验室检查以及内镜、超声和影像学检查结果综合诊断，见图 6-34。

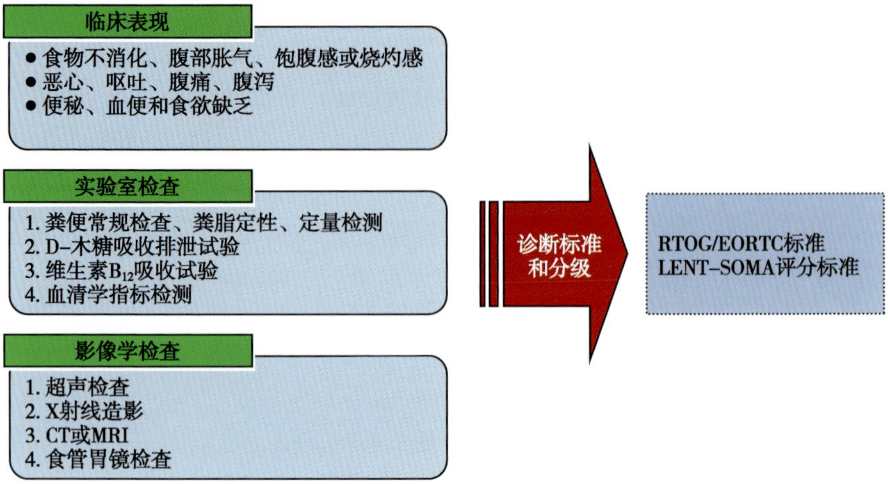

临床表现
- 食物不消化、腹部胀气、饱腹感或烧灼感
- 恶心、呕吐、腹痛、腹泻
- 便秘、血便和食欲缺乏

实验室检查
1. 粪便常规检查、粪脂定性、定量检测
2. D-木糖吸收排泄试验
3. 维生素 B_{12} 吸收试验
4. 血清学指标检测

影像学检查
1. 超声检查
2. X射线造影
3. CT或MRI
4. 食管胃镜检查

诊断标准和分级

RTOG/EORTC标准
LENT-SOMA评分标准

图 6-34 放射性消化吸收功能障碍的诊断

RTOG. 美国肿瘤放射治疗协作组；EORTC. 欧洲癌症研究与治疗组织；LENT-SOMA. 晚期效应正常组织工作组 - 主观、客观、管理和分析评分系统。

（一）临床表现

放射性消化吸收功能障碍包括食物不消化、腹部胀气、饱腹感或烧灼感、恶心、呕吐、腹痛、腹泻、便秘、血便和食欲缺乏等。

（二）实验室检查

放射性消化吸收功能障碍的实验室检查指标主要包括：①粪便常规检查、粪脂定性、定量检测；②D- 木糖吸收排泄试验；③维生素 B_{12} 吸收试验；④血清学指标检测，如血清胡萝卜素、维生素 B_{12}、叶酸、血清总蛋白、白 / 球蛋白比例、铁、钙离子等；⑤尿液常规检测；⑥有条件单位可行同位素标记检查。

（三）影像学检查

放射性消化吸收功能障碍的主要影像学检查包括以下几种。①超声检查：直肠超声内镜可以见到损伤肠壁的弥漫性增厚，黏膜下层血流信号增多，与 CT、MRI 检查互为补充，还可以参考 Limberg 标准对损伤程度进行分级；②X 射线造影：可以判断食管、胃、小肠、大肠有无狭窄及狭窄部位和范围，有无消化道溃疡及穿孔征象；③CT 或 MRI：可评估肿瘤治疗效果，同时可直观显示胃肠道周围组织或器官的情况，对于肠梗阻的定位更加准确；④食管胃镜检查：可以明确食管、胃黏膜损伤部位和范围，大肠镜检查可以明确大肠黏膜损伤情况，内镜下表现为广泛性的毛细血管扩张、黏膜充血、溃疡出血、狭窄和坏死等。

（四）放射性消化吸收功能障碍的诊断标准

RTOG/EORTC 标准是评估急慢性放射性胃肠损伤的全球公认标准（表 6-10），晚期效应正常组织工作组 - 主观、客观、管理和分析评分系统（LENT-SOMA）也可作为放射性胃肠损伤的评分标准。两个标准相互补充，能更加全面地评估患者的损伤严重程度和选择合适的治疗方案，也可作为放射性消化吸收功能障碍的诊断和分级标准。

表 6-10　RTOG/EORTC 标准评估急慢性放射性胃肠损伤分级

分级	描述
0 级	无变化
1 级	轻微腹泻 / 轻微痉挛 / 每日排粪 5 次 / 轻微直肠渗液或出血
2 级	中度腹泻 / 中度痉挛 / 每日排粪>5 次 / 过多直肠渗液或间歇出血
3 级	需外科处理的阻塞或出血
4 级	坏死 / 穿孔 / 窦道

注：RTOG，美国肿瘤放射治疗协作组；EORTC，欧洲癌症研究与治疗组织。

四、放射性消化吸收功能障碍的治疗

1. **饮食管理**　对于轻中度放射性消化吸收功能障碍患者建议低纤维素、低脂、高热量、高蛋白饮食。

2. **肠内外营养的启动**　对于轻中度放射性消化吸收功能障碍患者，建议早期进行肠内营养，而对于重度放射性消化吸收功能障碍患者，可根据重症患者急性胃肠损伤（acute gastrointestinal injury，AGI）分级启动最低剂量肠内营养（20ml/h），见表 6-11。AGI Ⅰ级患者中将营养剂量增加至计算能量的 100%；对 AGI Ⅱ级或 AGI Ⅲ级患者，建议从最低剂量开始尝试，根据症状给予其他治疗（如促胃肠动力药）；而对于 AGI Ⅳ级患者则不建议给予肠内营养。

表 6-11　重症患者急性胃肠损伤（AGI）分级

分级	分级标准
Ⅰ级	一个自限性的阶段，但进展为胃肠道功能障碍或衰竭风险较大
Ⅱ级	（胃肠功能紊乱）需要干预措施来重建胃肠道功能
Ⅲ级	（胃肠功能衰竭）胃肠道功能经干预处理后不能恢复
Ⅳ级	急剧出现并立即威胁到生命的胃肠道功能衰竭

3. **肠内外营养制剂选择**　对于放射性消化吸收功能障碍患者，需要选择能够耐受的肠内营养配方。建议根据患者的年龄、性别、原有饮食结构、肿瘤位置、消化道损伤程度、应急状态等选择合适的配方。鉴于放射治疗后患者胃肠道损伤多表现为上皮细胞水肿、坏死及肠道菌群变化等，在进行营养制剂选择时要充分评估患者的胃肠道功能，通过消化道造影可评价消化道长度、通畅与

否、胃肠黏膜形态及蠕动情况，负氮平衡计算可以评估胃肠道对蛋白质的吸收情况。

对于中重度放射性消化吸收功能障碍患者，选择要素营养有利于吸收且减少肠道负荷和改善耐受性，对于不适合肠内营养的患者可选择肠外营养；对于轻度放射性消化吸收功能障碍患者，由于肠上皮细胞相对完整，可选择整蛋白营养制剂，有助于刺激肠黏膜修复和更新，更好地保护胃肠道黏膜。

4. **益生菌和肠道菌群移植** 乳杆菌作为益生菌和肠道共生菌对于肠道健康有益，其通过保护肠隐窝干细胞、维持肠道屏障和抗氧化的作用，可能起到预防和治疗放射治疗相关性腹泻的效果，但是对于其用法、用量和用药时长还需要进一步的临床研究去探索。另外还有研究显示，肠道菌群移植是治疗放射性肠损伤的有效手段，同时可以改善肠道菌群紊乱，有利于蛋白合成和促进碳水化合物吸收。

放射性消化吸收功能障碍的治疗措施详见图 6-35。

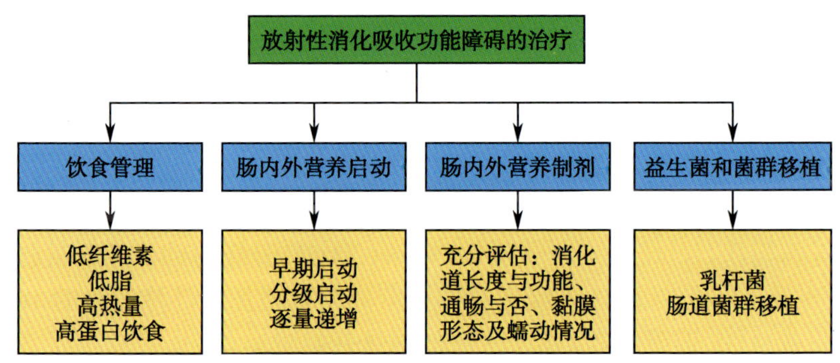

图 6-35 放射性消化吸收功能障碍的治疗

五、放射性消化吸收功能障碍的康复

在精准放射治疗时代，放射治疗所致的急性消化吸收功能障碍多为短期，可自行恢复，部分患者可能出现病情反复或发展为慢性。治疗目的以控制原发病，减轻患者症状，提高生活质量为目标，尽可能选择非手术治疗手段。对于放射性消化吸收功能障碍需要全程进行健康指导、家庭营养管理，还可以通过建立“患友会”等健康交流方式，让患者动态了解自身疾病的严重程度，建立对抗疾病的信心。对于症状轻微的患者，一些中医药方法调理也可以起到很好的疗效。

六、总结

放射性消化吸收功能障碍的营养管理见图 6-36。

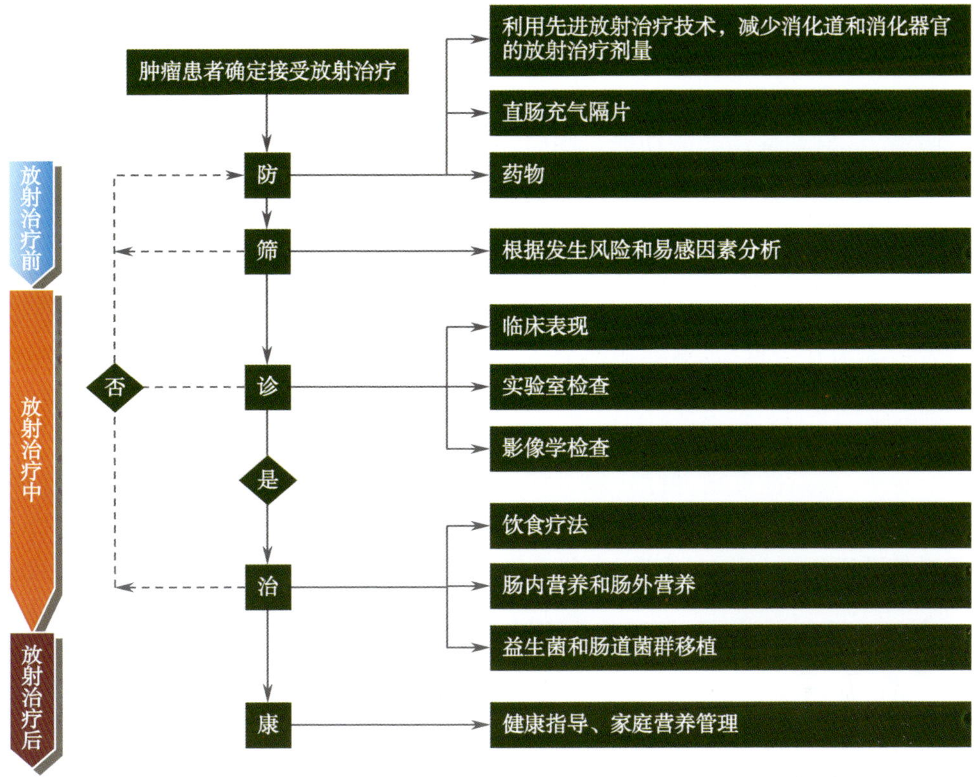

图 6-36　放射性消化吸收功能障碍的营养管理

（李厨荣）

第六节　放射性直肠、肛门、尿道损伤的营养管理

腹盆腔肿瘤在放射治疗期间或放射治疗后，可能会出现直肠、肛门、尿道括约肌的损伤，从而引起相关功能障碍，影响患者的营养状况和生活质量等。

据报道，慢性放射性直肠炎的发病率为 2%～20%。慢性放射性直肠炎首发症状一般出现在放射治疗后 9～14 个月，但也可发生于放射治疗后长达 30 年中的任何时间。腹泻是放射性直肠炎常见的不良反应之一，但患者也可能会因肠道狭窄而出现排便梗阻症状，包括便秘、排便紧迫感、直肠疼痛、充溢性大便失禁等。

如果患者在盆腔放射治疗结束后 3 个月或更长时间出现稀便、大便紧迫等症状，应怀疑慢性放射性肛门括约肌损伤。一项研究发现，56% 的肛管癌患者放射治疗后每日都有排便急迫症状，提示慢性放射性肛门损伤的存在。放射线导致肛门括约肌血管病变及纤维化，降低肛门静息压及挤压压力，从而出现大便紧迫、大便失禁等。此外，盆腔放射治疗也可能导致神经受损，从而降低排便敏感性。

慢性尿道损伤一般发生在放射治疗结束后 3 个月及以后。放射线可导致尿道括约肌系统和尿道括约肌的支持系统相关细胞发生凋亡，减少肌细胞数目，降低收缩力，减弱尿液控制功能。同时，放射治疗导致局部组织供血减少，静脉、淋巴回流受阻，移行上皮完整性及细胞功能受到破坏，组织出现水肿、纤维化，尿道变僵硬。放射治疗后正常膀胱容量下产生的膀胱内压大于尿道内压，膀胱内的尿液自尿道不自主地排出。尿道狭窄在妇科肿瘤近距离放射治疗后发生率为 1%～3%。既往未行经尿道前列腺切除术的前列腺癌患者放射治疗后尿道狭窄发生率为 0～5%，而既往行经尿道前列腺切除术再行前列腺癌放射治疗尿道狭窄发生率更高，达 5.6%～16%。肛管癌放射治疗后，45% 的患者至少每月出现一次尿失禁，48% 的患者至少每月出现一次尿急。

总之，放射性直肠、肛门、尿道括约肌损伤所致的腹泻、便秘、大小便失禁等症状，一方面将影响患者的营养状况，另一方面影响患者的心理和生活质量，因此对其进行预防、筛查、治疗、康复管理至关重要。

一、放射性直肠、肛门、尿道括约肌损伤的预防

可以从物理预防、药物预防和饮食预防 3 个方面进行放射性直肠、肛门、尿道括约肌损伤的预防，见图 6-37。

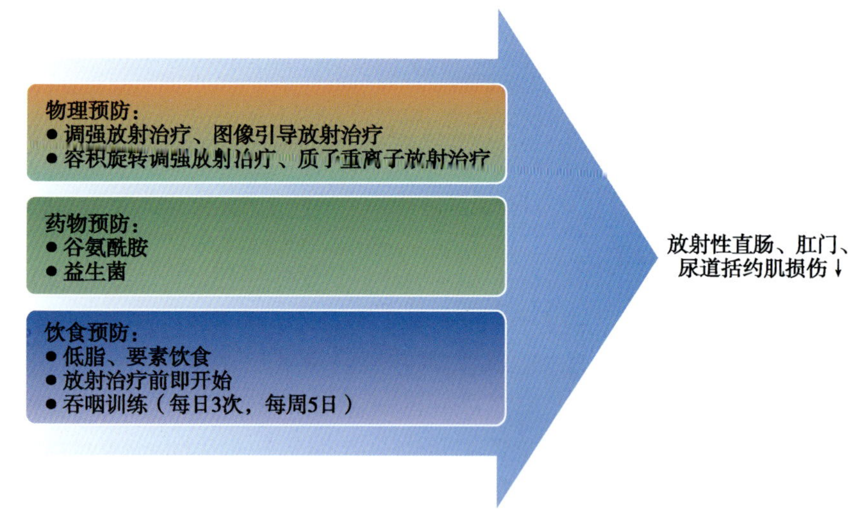

图 6-37 放射性直肠、肛门、尿道括约肌损伤的预防

1. **物理预防** 现代精准放射治疗技术，如调强放射治疗、图像引导放射治疗、容积旋转调强放射治疗、质子重离子放射治疗等，在增加肿瘤照射剂量的同时减少直肠、肛门、尿道等的照射剂量，可有效预防放射性直肠、肛门、尿道括约

肌损伤的发生。

2. **药物预防** 补充谷氨酰胺可促进肠道黏膜修复，减少放射损伤的发生，保持胃肠道组织结构的完整性，从而有助于预防放射性直肠损伤。益生菌作为一种新型的肠黏膜屏障保护剂，同样可以减轻放射性肠损伤，改善肠道功能。

3. **饮食预防** 低脂、要素饮食也被发现有利于预防或减轻放射治疗期间出现的放射性直肠损伤。

二、放射性直肠、肛门、尿道损伤的筛查

放射性直肠、肛门、尿道括约肌损伤的筛查主要依据患者的主观症状。放射治疗中或放射治疗后，当患者出现腹泻、便秘、排便紧迫感、直肠疼痛、大便失禁等症状时，应该怀疑是否存在放射性直肠或肛门括约肌损伤；当患者出现排尿困难、尿失禁等症状时，应该怀疑是否存在放射性尿道损伤。

三、放射性直肠、肛门、尿道损伤的诊断

放射性直肠、肛门、尿道损伤缺乏诊断的金标准，主要结合临床表现、内镜、影像学和组织病理学等进行诊断，见图 6-38。

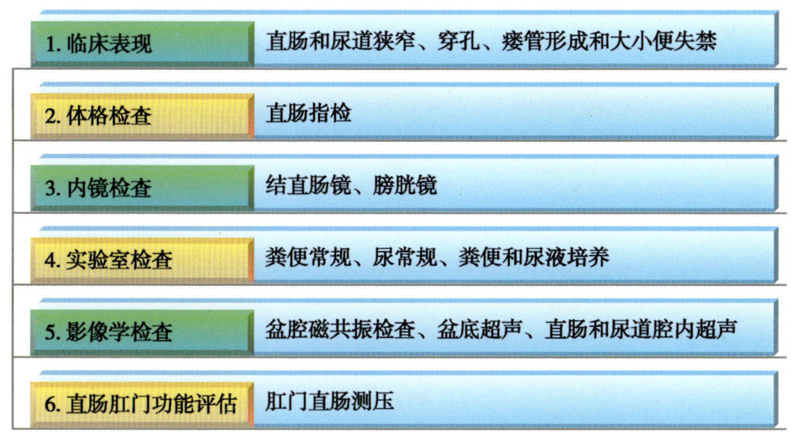

图 6-38 放射性直肠、肛门、尿道括约肌损伤的预防

1. **临床表现** 放射性直肠、肛门、尿道损伤的主要临床表现为便血、便急、便频、腹泻、黏液粪便、里急后重、肛门疼痛和尿道疼痛等，症状多样且缺乏特异性。晚期表现包括直肠和尿道狭窄、穿孔、瘘管形成和大小便失禁等。

2. **体格检查** 全面而细致的体格检查对放射性直肠、肛门、尿道损伤的诊断十分必要，尤其是直肠指检可初步评估括约肌功能。

3. **内镜检查** 结直肠镜是诊断放射性直肠、肛门损伤的首要辅助手段，而膀胱镜是诊断尿道损伤的主要辅助手段，依据典型的镜下改变可以评估病变程

度。内镜表现包括毛细血管扩张、黏膜充血、溃疡、狭窄和坏死等，其中以毛细血管扩张最为常见。

4. **实验室检查** 常规实验室检查包括粪便常规、尿常规、血常规、凝血功能、电解质、C反应蛋白等，必要时行粪便和尿液培养排除其他感染性疾病。

5. **影像学检查** 盆腔磁共振检查应作为诊断放射性直肠、肛门、尿道损伤的常规影像学检查。磁共振可以敏感地发现直肠、肛门、尿道及周围器官、软组织间隙及盆壁、肌群等的放射性损伤情况。盆底超声、直肠和尿道腔内超声可协助判断肛门、尿道疼痛及失禁等的原因。

6. **直肠肛门功能评估** 肛门直肠测压是利用压力测定装置置入直肠内使肛门收缩与放松，检查内外括约肌、盆底、直肠功能顺应性与协调情况的检查。放射线对肛门括约肌的损伤所导致的继发性直肠肛门功能改变均会对患者的控粪功能产生巨大的影响。

放射性直肠损伤的分级标准采用RTOG/EORTC标准，见表6-10。

对于放射性尿道损伤造成的尿失禁采用CTCAE分级，见表6-12。

大便失禁的CTCAE分级见表6-13。

评分等级越高，尿失禁和大便失禁的程度越严重。

表6-12 尿失禁CTCAE分级

分级	症状描述
1级	偶尔失禁(例如咳嗽、打喷嚏时)，无须使用尿垫
2级	自发尿失禁，使用尿垫，且限制日常生活
3级	严重尿失禁需夹钳、胶原蛋白注射、手术等干预，日常生活并影响自我护理

注：CTCAE，常见不良事件评价标准。

表6-13 大便失禁CTCAE分级

分级	症状描述
1级	偶尔需要使用尿垫
2级	需要每日使用尿垫
3级	症状严重，需手术干预

注：CTCAE，常见不良事件评价标准。

四、放射性直肠、肛门、尿道损伤的治疗

目前国内外还没有关于放射性直肠、肛门、尿道损伤治疗的大规模随机对照试验结果报道，现有的治疗经验大部分来自病例报告和小样本临床试验。

(一) 放射性直肠损伤的治疗

主要治疗方法包括非手术治疗和手术治疗，其中非手术性治疗包括益生菌、

激素、非甾体抗炎药、抗生素、高压氧等。此外，手术治疗、内镜治疗、菌群移植疗法等也是目前的治疗方式。谷氨酰胺灌肠液和促进肠道黏膜修复的生长因子可促进肠道黏膜的修复，也被用于放射性直肠损伤的治疗（图 6-39）。

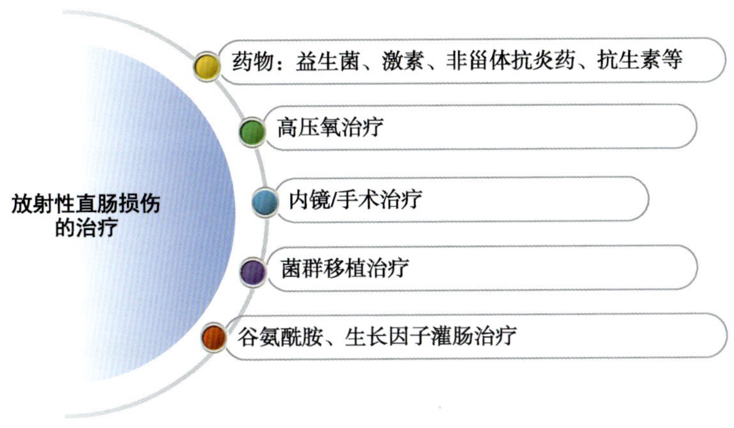

图 6-39　放射性直肠损伤的治疗

（二）放射性肛门损伤的治疗

当患者因放射性肛门损伤出现大便失禁时，可考虑接受神经肌肉再教育、生物反馈治疗和电刺激治疗。如出现肛门狭窄时，可行肛门扩张，必要时可考虑手术（图 6-40）。

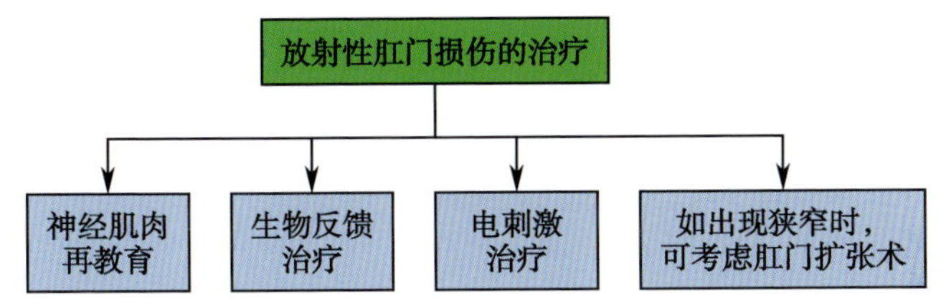

图 6-40　放射性肛门括约肌损伤的治疗

（三）放射性尿道损伤的治疗

患者出现放射治疗后尿道损伤所致短期尿失禁时，可口服盐酸非那吡啶以及抗胆碱能药物。放射治疗后泌尿系统可能存在各种非细菌性炎症，尿液对泌尿系统的刺激和疼痛也可能造成患者出现急迫性尿失禁。非那吡啶广泛应用于治疗细菌性膀胱炎，主要针对尿路感染或刺激引起的泌尿道疼痛、尿道口烧灼感、尿急、尿频等不适症状。放射治疗的急性期出现的尿频、尿急及急迫性尿失禁可使用 M 受体拮抗剂对症治疗，对于慢性尿道括约肌损伤，必要时可采用手术治疗（图 6-41）。

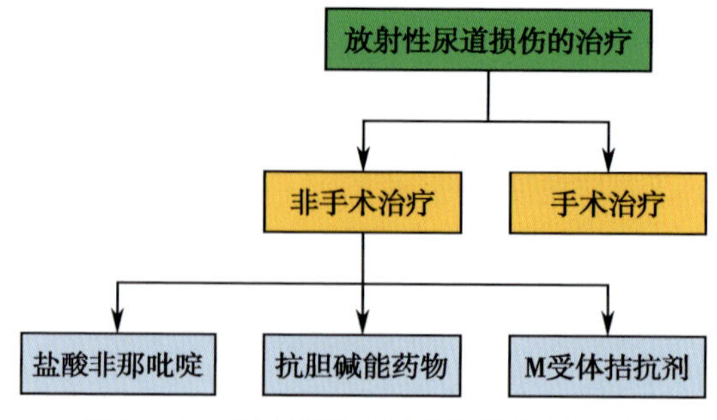

图 6-41 放射性尿道括约肌损伤的治疗

五、放射性直肠、肛门、尿道损伤的康复

放射性直肠、肛门、尿道损伤可能在放射治疗后较长的时间持续，并可能长期影响患者的营养状况和生活质量，因此需要定期咨询营养师，及时监测体重、饮食情况，并由专业团队指导行盆底锻炼、盆底物理治疗、生物反馈治疗等。

凯格尔运动，又称盆底肌运动，可无创、安全、有效地用于放射性直肠、肛门、尿道损伤的康复。它包括耻骨尾骨肌和肛提肌的重复性、选择性地随意收缩和放松。该项训练可以增强盆底肌群的收缩功能，通过增强肛门括约肌和尿道周围肌肉收缩功能来影响盆底肌张力，从而预防尿失禁。具体方法：收缩盆底肌肉 5 秒左右，然后放松 5 秒左右，重复 20～30 分钟，每日 3 次，连续锻炼 10～12 周，可根据患者具体情况制订不同强度、频率、周期的锻炼方案。凯格尔运动示意图见图 6-42。

图 6-42 凯格尔运动示意图

六、总结

关于放射性直肠、肛门、尿道损伤的营养管理，包括预防、筛查、诊断、治疗和康复等全流程，详见图6-43。

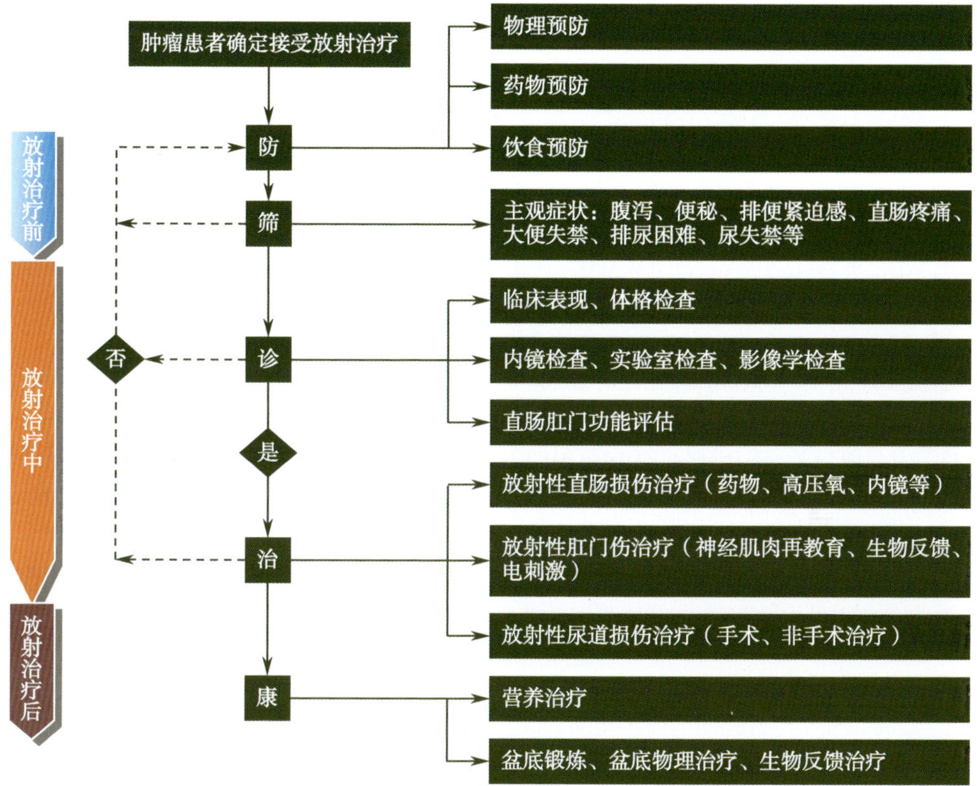

图6-43　放射性直肠、肛门、尿道损伤的营养管理

（郑秀梅）

推荐阅读资料

[1] 傅晓炜，滕丽华，沈金闻，等. 直肠癌同步放化疗患者营养状态与放化疗不良反应相关性分析. 中华放射肿瘤学杂志，2020，29（9）：757-761.

[2] 刘志扬，张思聪，卫中庆. 放疗所致尿失禁治疗的研究进展. 国际泌尿系统杂志，2021，41（4）：750-752.

[3] 马腾辉. 中国放射性直肠损伤多学科诊治专家共识（2021版）要点解读. 中华胃肠外科杂志，2021，24（11）：956-961.

[4] 亚洲急危重症协会中国腹腔重症协作组. 重症病人胃肠功能障碍肠内营养专家共识（2021版）. 中华消化外科杂志，2021，20（11）：1123-1136.

[5] 张慧，章真．放射性肠损伤的支持治疗进展．中国肿瘤临床，2022，49(9)：438-442.

[6] 中国抗癌协会肿瘤营养专业委员会．放疗患者营养治疗专家共识．肿瘤代谢与营养电子杂志，2021，8(1)：29-34.

[7] 中国吞咽障碍康复评估与治疗专家共识组．中国吞咽障碍评估与治疗专家共识(2017年版)第二部分：治疗与康复管理篇．中华物理医学与康复杂志，2018，40(1)：1-10.

[8] 中华医学会外科学分会胃肠外科学组，中国研究型医院学会肠外肠内营养学专业委员会．慢性放射性肠损伤外科治疗专家共识(2019版)．中国实用外科杂志，2019，39(4)：307-311.

[9] 周欣，程敏琼，黄晓萍，等．恶性肿瘤患者放疗期间营养不良发生及危险因素分析．国际老年医学杂志，2021，42(4)：203-207.

[10] 周云，黄鹤，万挺，等．盆腔恶性肿瘤辅助放疗后放射性直肠损伤的发生现状：一项基于三期随机临床试验的报告．中华胃肠外科杂志，2021，24(11)：962-968.

[11] ABE S，NOZAWA H，KAWAI K，et al. Poor nutrition and sarcopenia are related to systemic inflammatory response in patients with rectal cancer undergoing preoperative chemoradiotherapy. Int J Colorectal Dis，2022，37(1)：189-200.

[12] ANDERSON P M，LALLA R V. Glutamine for amelioration of radiation and chemotherapy associated mucositis during cancer therapy. Nutrients，2020，12(6)：1675.

[13] ARAUJO I K，MUNOZ-GUGLIELMETTI D，MOLLA M. Radiation-induced damage in the lower gastrointestinal tract：Clinical presentation，diagnostic tests and treatment options. Best Pract Res Clin Gastroenterol，2020，48-49(6)：101707.

[14] BONZANINI L I L，SOLDERA E B，ORTIGARA G B，et al. Clinical and sociodemographic factors that affect the quality of life of survivors of head and neck cancer. Support Care Cancer，2020，28(4)：1941-1950.

[15] BRAGANTE K C，GROISMAN S，CARBONI C，et al. Efficacy of exercise therapy during radiotherapy to prevent reduction in mouth opening in patients with head and neck cancer：a randomized controlled trial. Oral Surg Oral Med Oral Pathol Oral Radiol，2020，129(1)：27-38.

[16] CARDOSO R C，KAMAL M，ZAVERI J，et al. Self-reported trismus：prevalence，severity and impact on quality of life in oropharyngeal cancer survivorship：a cross-sectional survey report from a comprehensive cancer center. Support Care Cancer，2021，29(4)：1825-1835.

[17] CHARTERS E，DUNN M，CHENG K，et al. Trismus therapy devices：a systematic review. Oral Oncol，2022，126：105728.

[18] CHEN Y C，CHEN H Y，HSU C H. Recent advances in salivary scintigraphic evaluation of salivary gland function. Diagnostics(Basel)，2021，11(7)：1173.

[19] CHI W J，MYERS J N，FRANK S J，et al. The effects of zinc on radiation-induced dysgeusia：a systematic review and meta-analysis. Support Care Cancer，2020，28(12)：1-12.

[20] CUI T，WARD M C，JOSHI N P，et al. Correlation between plan quality improvements and reduced acute dysphagia and xerostomia in the definitive treatment of oropharyngeal squamous cell carcinoma. Head Neck，2019，41(4)：1096-1103.

[21] ELAD S，CHENG K K F，LALLA R V，et al. MASCC/ISOO clinical practice guidelines for

the management of mucositis secondary to cancer therapy. Cancer，2020，126（19）：4423-4431.

[22] GE X H，LIAO Z L，YUAN J H，et al. Radiotherapy-related quality of life in patients with head and neck cancers：a meta-analysis. Support Care Cancer，2020，28（6）：2701-2712.

[23] GOMES F，SCHUETZ P，BOUNOURE L，et al. ESPEN guidelines on nutritional support for polymorbid internal medicine patients. Clin Nutr，2018，37（1）：336-353.

[24] GUILLEN-SOLA A，SOLER N B，MARCO E，et al. Effects of prophylactic swallowing exercises on dysphagia and quality of life in patients with head and neck cancer receiving（chemo）radiotherapy：the Redyor study，a protocol for a randomized clinical trial. Trials，2019，20（1）：503.

[25] HAAS S，FAABORG P，LIAO D，et al. Anal sphincter dysfunction in patients treated with primary radiotherapy for anal cancer：a study with the functional lumen imaging probe. Acta Oncol，2018，57（4）：465-472.

[26] HOMA-MLAK I，MLAK R，BRZOZOWSKA A，et al. High level of irisin as a marker of malnutrition in head and neck cancer patients subjected to radiotherapy. Med Sci Monit，2022，28：e936857.

[27] JASMER K J，GILMAN K E，FORTI K M，et al. Radiation-induced salivary gland dysfunction：mechanisms，therapeutics and future directions. J Clin Med，2020，9（12）：4095.

[28] JIA Z Y，LI J H，HARRISON C，et al. Association of Trismus with quality of life and swallowing in survivors of head and neck cancer. Otolaryngol Head Neck Surg，2022，166（4）：676-683.

[29] KARSTEN R T，VAN DER MOLEN L，HAMMING-VRIEZE O，et al. Long-term swallowing，trismus，and speech outcomes after combined chemoradiotherapy and preventive rehabilitation for head and neck cancer；10-year plus update. Head Neck，2020，42（8）：1907-1918.

[30] KRAAIJENGA S A，HAMMING-VRIEZE O，VERHEIJEN S，et al. Radiation dose to the masseter and medial pterygoid muscle in relation to trismus after chemoradiotherapy for advanced head and neck cancer. Head Neck，2019，41（5）：1387-1394.

[31] LEE J，LIN J B，CHEN T C，et al. Progressive skeletal muscle loss after surgery and adjuvant radiotherapy impact survival outcomes in patients with early stage cervical cancer. Front Nutr，2022，8：773506.

[32] LEIBERMAN D，STEVENSON R P，BANU F W，et al. The incidence and management of complications of venous access in home parenteral nutrition（HPN）：a 19 year longitudinal cohort series. Clin Nutr ESPEN，2020，37：34-43.

[33] MASSI M C，GASPERONI F，IEVA F，et al. A deep learning approach validates genetic risk factors for late toxicity after prostate cancer radiotherapy in a REQUITE multi-national cohort. Front Oncol，2020，10：541281.

[34] MCMILLAN H，BARBON C E A，CARDOSO R，et al. Manual therapy for patients with radiation-associated trismus after head and neck cancer. JAMA Otolaryngol Head Neck Surg，2022，148（5）：418-425.

[35] MORENO A C, FRANK S J, GARDEN A S, et al. Intensity modulated proton therapy (IMPT)-the future of IMRT for head and neck cancer. Oral Oncol, 2019, 88: 66-74.

[36] MOTTA J P, WALLACE J L, BURET A G, et al. Gastrointestinal biofilms in health and disease. Nat Rev Gastroenterol Hepatol, 2021, 18(5): 314-334.

[37] MYLONA E, EBERT M, KENNEDY A, et al. Rectal and urethro-vesical subregions for toxicity prediction after prostate cancer radiation therapy: validation of voxel-based models in an independent population. Int J Radiat Oncol Biol Phys, 2020, 108(5): 1189-1195.

[38] NUCHIT S, LAM-UBOL A, PAEMUANG W, et al. Alleviation of dry mouth by saliva substitutes improved swallowing ability and clinical nutritional status of post-radiotherapy head and neck cancer patients: a randomized controlled trial. Support Care Cancer, 2020, 28(6): 2817-2828.

[39] ONAL C, GULTEKIN M, YAVAS G, et al. The impact of serum albumin-to-alkaline phosphatase ratio in cervical cancer patients treated with definitive chemoradiotherapy. J Obstet Gynaecol, 2022, 42(6): 2426-2432.

[40] PASQUIER D, BOGART E, BONODEAU F, et al. BioPro-RCMI-1505 trial: multicenter study evaluating the use of a biodegradable balloon for the treatment of intermediate risk prostate cancer by intensity modulated radiotherapy; study protocol. BMC Cancer, 2018, 18(1): 566.

[41] PAULI N, MOHLIN B F, MEJERSJÖ C, et al. Temporomandibular disorder as risk factor for radiation-induced trismus in patients with head and neck cancer. Clin Exp Dent Res, 2022, 8(1): 123-129.

[42] PERSSON E, WÅRDH I, ÖSTBERG P. Repetitive saliva swallowing test: norms, clinical relevance and the impact of saliva secretion. Dysphagia, 2019, 34(2): 271-278.

[43] POLICASTRO C G, SIMHAN J, MARTINS F E, et al. A multi-institutional critical assessment of dorsal onlay urethroplasty for post-radiation urethral stenosis. World J Urol, 2021, 39(7): 2669-2675.

[44] REINTAM BLASER A, PREISER J C, FRUHWALD S. Gastrointestinal dysfunction in the critically ill: a systematic scoping review and research agenda proposed by the Section of Metabolism, Endocrinology and Nutrition of the European Society of Intensive Care Medicine. Crit Care, 2020 24(1): 224.

[45] SAFAK G, CELIKER M, TÜMKAYA L, et al. Comparison of effects of dexmedetomidine and amifostine against X-ray radiation-induced parotid damage. Radiat Environ Biophys, 2022, 61(2): 241-253.

[46] SANTIAGO P H R, SONG Y, HANNA K, et al. Degrees of xerostomia? A Rasch analysis of the xerostomia inventory. Community Dent Oral Epidemiol, 2020, 48(1): 63-71.

[47] SANTOS M, OLIVEIRA E SILVA L F, KOHLER H F, et al. Health-related quality of life outcomes in head and neck cancer: results from a prospective, real-world data study with Brazilian patients treated with intensity modulated radiation therapy, conformal and conventional radiation techniques. Int J Radiat Oncol Biol Phys, 2021, 109(2): 485-494.

[48] SAVOIE M B, LAFFAN A, BRICKMAN C, et al. A multi-disciplinary model of survivorship

care following definitive chemoradiation for anal cancer. BMC Cancer，2019，19（1）：906.

[49] SNIDER J W，PAINE C C. Sticky stuff：xerostomia in patients undergoing head and neck radiotherapy-prevalence，prevention，and palliative care. Ann Palliat Med，2020，9（3）：1340-1350.

[50] SOMAY E，YILMAZ B，TOPKAN E，et al. Hemoglobin-to-platelet ratio in predicting the incidence of trismus after concurrent chemoradiotherapy. Oral Dis，2023，29（7）：2962-2970.

[51] SPIRK C，HARTL S，PRITZ E，et al. Comprehensive investigation of saliva replacement liquids for the treatment of xerostomia. Int J Pharm，2019，571：118759.

[52] SULISTIYANI E，BRIMSON J M，CHANSAENROJ A，et al. Epigallocatechin-3-gallate protects pro-acinar epithelia against salivary gland radiation injury. Int J Mol Sci，2021，22（6）：3162.

[53] SUNG H，FERLAY J，SIEGEL R L，et al. Global cancer statistics 2020：GLOBOCAN estimates of incidence and mortality worldwide for 36 cancers in 185 countries. CA Cancer J Clin，2021，71（3）：209-249.

[54] TARUNO A，NOMURA K，KUSAKIZAKO T，el al. Taste transduction and channel synapses in taste buds. Pflugers Arch，2021，473（1）：3-13.

[55] U V W C，LEUNG K Y. A review on the assessment of radiation induced salivary gland damage after radiotherapy. Front Oncol，2019，9：1090.

[56] URVAYLIOGLU A E，KUTLUTURKAN S，KILIC D，et al. Effect of Kegel exercises on the prevention of urinary and fecal incontinence in patients with prostate cancer undergoing radiotherapy，Eur J Oncol Nurs，2021，51：101913.

[57] VAN DER GEER S J，VAN RIJN P V，KAMSTRA J I，et al. Criterion for trismus in head and neck cancer patients：a verification study. Support Care Cancer，2019，27（3）：1129-1137.

[58] WANG Y H，HUANG Y A，CHEN I H，et al. Exercise for trismus prevention in patients with head and neck cancer：a network meta-analysis of randomized controlled trials. Healthcare（Basel），2022，10（3）：442.

[59] WANG Y H，LI J Q，SHI J F，et al. Depression and anxiety in relation to cancer incidence and mortality：a systematic review and meta-analysis of cohort studies. Mol Psychiatry，2020，25（7）：1487-1499.

[60] WATTERS A L，COPE S，KELLER M N，et al. Prevalence of trismus in patients with head and neck cancer：a systematic review with meta-analysis. Head Neck，2019，41（9）：3408-3421.

[61] WEI J L，WANG B，WANG H H，et al. Radiation-induced normal tissue damage：oxidative stress and epigenetic mechanisms. Oxid Med Cell Longev，2019，2019：3010342.

第七章
病例解读

第一节　鼻咽癌放射治疗患者的全程营养管理

一、病史摘要

（一）患者情况

患者，男，32 岁。

（二）主诉

因“发现颈部包块 2 周，腹胀 2 日”就诊。

（三）现病史

患者 2 周前无明显诱因出现左颈部包块，包块进行性增大，遂于外院完善鼻咽及颈部 MRI：鼻咽顶后壁及双侧壁软组织增厚（左侧为主），呈 T_1WI 等 T_2WI 稍高信号，增强呈明显强化；双侧腭帆提肌受侵，双侧颈长肌受侵；斜坡及蝶骨体可见强化，双侧海绵窦区未见软组织增厚。双侧颈部、咽后间隙、颈后三角部多发增大淋巴结，较大者位于左侧颈部，大小约 5.0cm×3.6cm，增强可见不均匀强化。骨扫描：胸腰椎体多处及右侧髂前代谢增高灶，考虑为骨转移。2 日前患者出现腹胀，食欲差，排气减少，今为进一步治疗入院，门诊遂以“鼻咽癌伴不全性肠梗阻”收治入院。

（四）既往史和家族史

体健，否认家族性遗传病史。

二、辅助检查

（一）一般检查

血常规、肝肾功能、心电图未见明显异常。

（二）鼻咽、颈部平扫及增强磁共振

鼻咽顶后壁及双侧壁软组织增厚占位，侵及范围如上述，符合鼻咽癌表现。侧咽后增大淋巴结，考虑转移；余双侧颈部、颌下多发小及稍大淋巴结，部分转移可能，左侧乳突及两侧上颌窦炎。扫及双侧额叶片状 T_2WI 高信号影，多系脑软化灶。

（三）骨扫描

胸腰椎体多处及右侧髂前代谢增高灶，考虑为骨转移。

（四）盆腔 MRI 增强扫描

右侧髂骨翼前份大片异常信号影，周围软组织增厚强化，多系转移。

三、营养评估

（一）营养风险筛查 / 营养评估

经过肿瘤营养一级和二级诊断，患者 NRS 2002 评分为 2 分，PG-SGA 评分为 10 分，BMI 为 19.5kg/m^2。

（二）营养相关症状和病史

患者入院时诉多日肛门无排便、排气。入院后，行 X 线检查：中上腹肠腔积气扩张，最宽约 3.2cm，伴数个液平面，最长约 7.6cm。左半结肠内见较多气粪影。腹部不完全性肠梗阻可能。

（三）体格检查

腹部视诊：外形平坦，无胃型、肠型、蠕动波，腹式呼吸存在，脐正常，未见腹壁静脉曲张，无压痛、反跳痛。

四、肿瘤营养双诊断

经过前述各项检查，患者最终肿瘤营养双诊断为：①鼻咽癌伴双颈淋巴结转移、骨转移（$cT_4N_1M_1$ Ⅳ期）同步放化疗后靶向治疗后；②疼痛；③便秘；④重度营养不良（PG-SGA 10 分）。

五、多学科协作讨论

多学科协作讨论示：患者目前考虑合并不完全性肠梗阻，腹部查体无急腹症表现，营养诊断为重度营养不良，建议在给予营养治疗的同时，查找肠梗阻原因并给予对症处理。待患者肠梗阻缓解及营养状况改善后，行抗肿瘤治疗。

六、治疗经过

（一）营养治疗原则

针对晚期鼻咽癌患者，在抗肿瘤治疗过程中早期开始并给予全程营养管理，当合并放化疗相关并发症后及时给予调整营养治疗方案并指导患者院外康复管理，可获得良好治疗效果。营养治疗原则包括：①营养不良的患者应予以全程营养支持治疗和管理。②恶性肿瘤放射治疗患者不推荐常规进行营养治疗。PG-SGA 评分是判断患者是否存在营养不良及严重程度的重要工具，而急性放射损伤是影响患者营养物质摄入和营养状况的重要因素。如为重度营养不良者（PG-SGA≥9 分），应该先进行营养治疗 1～2 周，然后在营养治疗同时进行放射治疗，见图 7-1。③人工营养包括肠内营养和肠外营养。恶性肿瘤放射治疗患者的营养治疗采用五阶梯治疗的原则，当患者胃肠道功能基本正常时首选肠内营养，胃肠道功能不全或功能障碍时使用部分或全肠外营养。首先选择营养教育，然后依次向上晋级选择口服营养补充（ONS）、全肠内营养（TEN）、部分肠内营养（PEN）、部分肠外营养（PPN）、全肠外营养（TPN），见图 7-2。

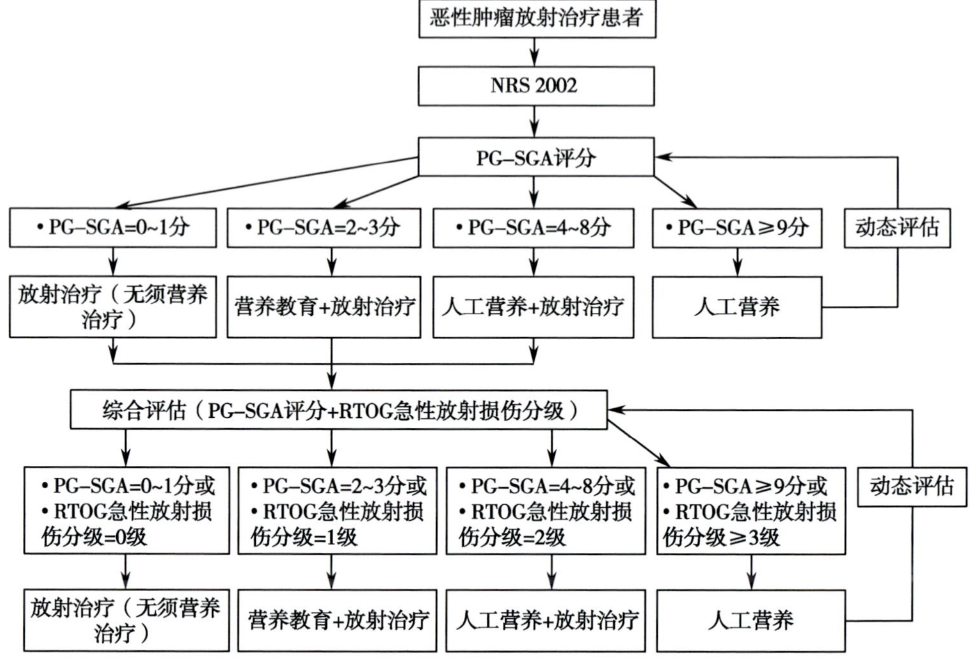

图 7-1 肿瘤放射治疗患者营养治疗路径

NRS 2002. 营养风险筛查 2002；PG-SGA. 患者参与的主观全面评定；RTOG. 美国肿瘤放射治疗协作组。

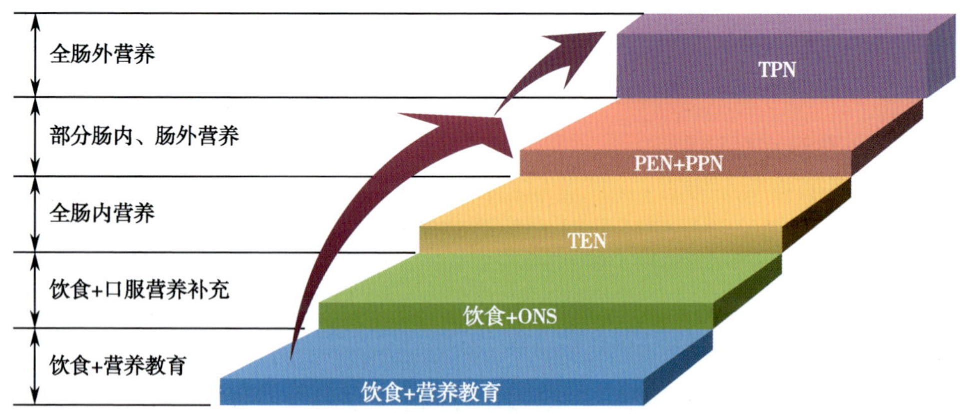

图 7-2 营养途径五阶梯原则

（二）放射治疗前的营养治疗

患者伴有重度营养不良，且考虑腹部不完全性肠梗阻可能，立即予以禁食水、灌肠通便、静脉高营养支持、西甲硅油润肠等对症治疗，1 周后，患者肠道梗阻症状缓解，复查腹部 CT 提示胃肠道积气和液平面消失，开始重新规划和调整营养治疗方案，具体方案见表 7-1。

表 7-1　营养治疗质量控制表

营养时间	营养素	执行情况						
		第 1 日	第 2 日	第 3 日	第 4 日	第 5 日	第 6 日	第 7 日
全天								
7：30—8：00								
10：00—10：30								
12：00—12：30								
15：30—16：00								
18：00—18：30								
20：30—21：00								
质量控制	目标需要量							
	未达标原因分析							
	改进措施							
	体重（≥1 次 / 周）							
	不良反应及处理措施							
	辅助检查（实验室检查）							
	质量控制护士							
	质量控制医师							

（三）放化疗过程中的营养治疗

由于患者为鼻咽癌晚期，治疗以化疗为主，根据指南和共识给予了 GP（吉西他滨 + 顺铂）方案化疗。早期患者耐受性好，化疗期间出现轻度恶心、呕吐，给予对症处理后好转，化疗同期给予营养健康教育、口服营养补充治疗。经胃肠减压及营养对症处理后，患者肠梗阻症状缓解，待一般状态改善后，针对腰椎转移灶制订放射治疗方案为剂量 30Gy/10f。

患者按计划继续完成了 2 周期 GP 方案联合尼妥珠单抗靶向治疗，之后完成了鼻咽部肿瘤同步放化疗及靶向治疗，疗效评价见图 7-3。治疗期间继续予以营养干预，患者体重增加，白蛋白无减少，未出现严重不良反应。

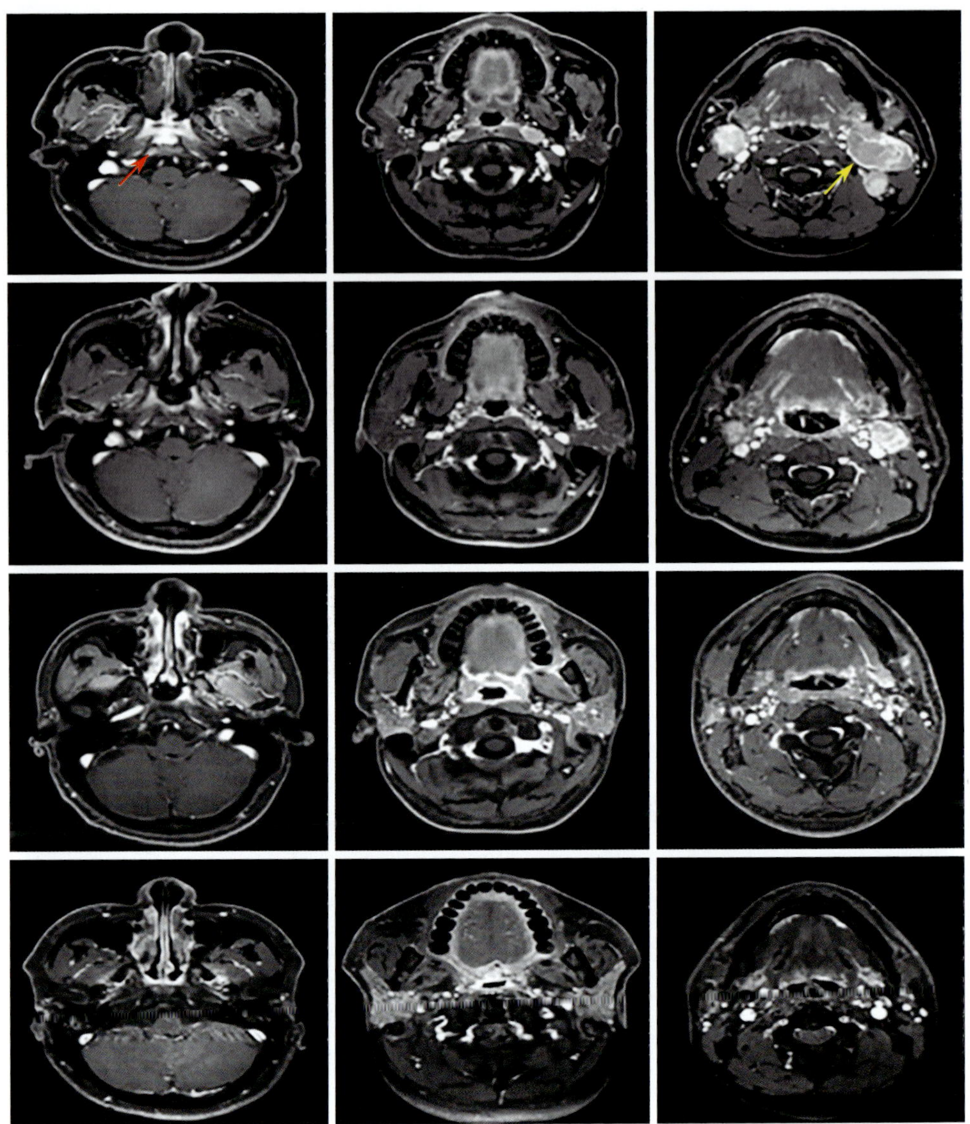

图 7-3 鼻咽部放化疗后疗效评价
红色箭头所示为鼻咽原发灶，黄色箭头所示为转移淋巴结。

七、出院后营养管理

放化疗结束后，医务人员为患者设计了家庭饮食指导方案，用于对患者进行出院后的营养监测和管理，见表 7-2。

表 7-2 家庭营养推荐饮食方案

进食时间	营养内容
10：00—10：30	营养制剂 6 勺
12：00—12：30	米饭 1 两 + 清蒸鲈鱼 300g+ 清炒时蔬 2 两
15：30—16：00	酸奶 + 水果 / 营养制剂 6 勺
18：00—18：30	山药排骨汤 /+ 抄手 / 面条 1 两 + 清炒时蔬 2 两
20：30—21：00	低脂牛奶 / 营养制剂 6 勺

注：1 勺约 9g；1 两 =50g。

八、总结

该患者鼻咽癌姑息性放化疗及靶向治疗整个治疗过程中及出院后采用全程营养管理，可以看到针对肿瘤患者的营养支持治疗能够为患者保驾护航，提高治疗依从性和保证治疗顺利实施（图 7-4）。

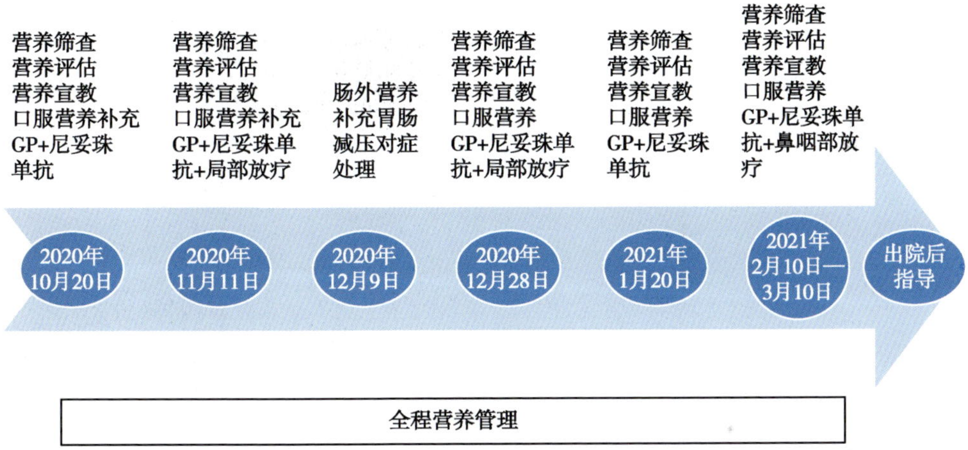

2020年10月20日：营养筛查 营养评估 营养宣教 口服营养补充 GP+尼妥珠单抗

2020年11月11日：营养筛查 营养评估 营养宣教 口服营养补充 GP+尼妥珠单抗+局部放疗

2020年12月9日：肠外营养 补充胃肠减压对症处理

2020年12月28日：营养筛查 营养评估 营养宣教 口服营养 GP+尼妥珠单抗+局部放疗

2021年1月20日：营养筛查 营养评估 营养宣教 口服营养 GP+尼妥珠单抗

2021年2月10日—3月10日：营养筛查 营养评估 营养宣教 口服营养 GP+尼妥珠单抗+鼻咽部放疗

出院后指导

全程营养管理

图 7-4 患者治疗经过总结

（李厨荣）

第二节 食管癌放射治疗患者的全程营养管理

一、病史摘要

（一）患者基本情况

患者，男，56 岁，体重 50kg，身高 160cm，BMI 19.5kg/m^2。

（二）主诉

因“进行性吞咽困难 2 月余，声嘶 3 日”就诊。

（三）现病史

2月余前患者无明显诱因出现吞咽困难，以进固体食物为甚，不伴有声嘶、胸痛不适。当地医院行胃镜示：距门齿 27cm 见食管新生物，活检为鳞状细胞癌。予以紫杉醇 + 顺铂 + 氟尿嘧啶方案行一周期诱导化疗。入院 3 日前患者出现声嘶，为求进一步治疗来院就诊。

（四）既往史和家族史

10 年前诊断乙型肝炎，行抗病毒治疗；患有高血压，规律服药，控制好。家族中其父亲死于食管癌。

二、辅助检查

（一）病理学检查

患者行上消化道内镜取病理学检查示：低分化鳞癌。

（二）影像学辅助检查

胸部增强 CT：胸中段食管管壁不规则增厚，纵隔及肝胃间隙多发淋巴结肿大。骨发射计算机断层显像（ECT）、腹部彩超：正常。见图 7-5。

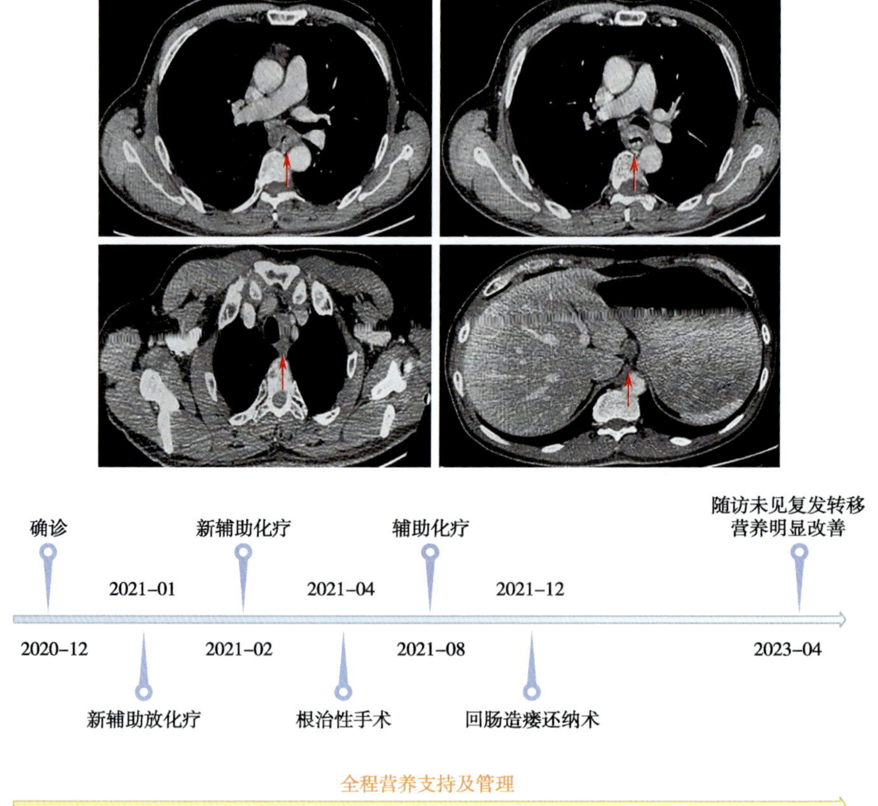

图 7-5 食管病灶及淋巴结 CT 影像

（三）消化内镜检查

食管距门齿 27～34cm 见溃疡型新生物，表覆白苔及坏死物，周边呈提坎样隆起，呈全环生长，管壁僵硬，管腔较狭窄，内镜可勉强通过，见图 7-6。

下咽未见明显异常

食管：食管距齿27~34cm见溃疡型新生物，表覆白苔及坏死物，周边呈提坎样隆起，呈全环生长，管壁僵硬，管腔较狭窄，内镜可勉强通过，新生物活检质脆、易出血，活检后内镜下止血未见活动性出血

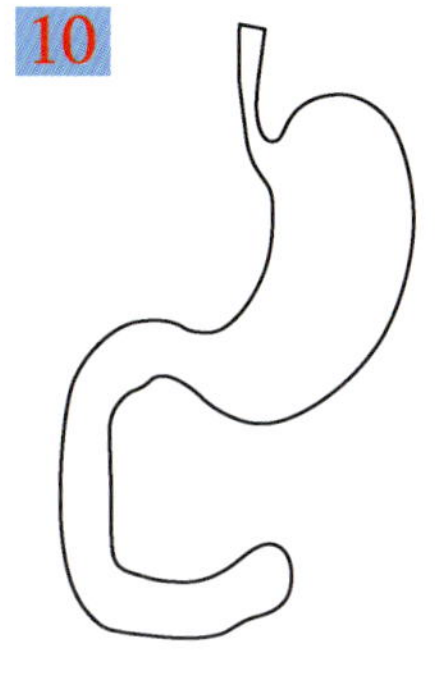

贲门：开闭好，E--G线清楚

胃底：黏液湖微浑，少量咖啡色黏液，黏膜光滑，无静脉曲张

胃体：黏膜光滑

胃角：弧形，尚光滑

胃窦：蠕动好，黏膜红白相间，散在红疹样变，未见明显糜烂、溃疡及肿物

幽门：圆，开闭好

球部：球腔无变形。黏膜光滑未见明显异常

降部：黏膜光滑，未见异常

诊断：1. 食管胸中下段溃疡型新生物伴出血（性质？）
2. 慢性非萎缩性胃窦炎

活检：食管距齿27cm 4块

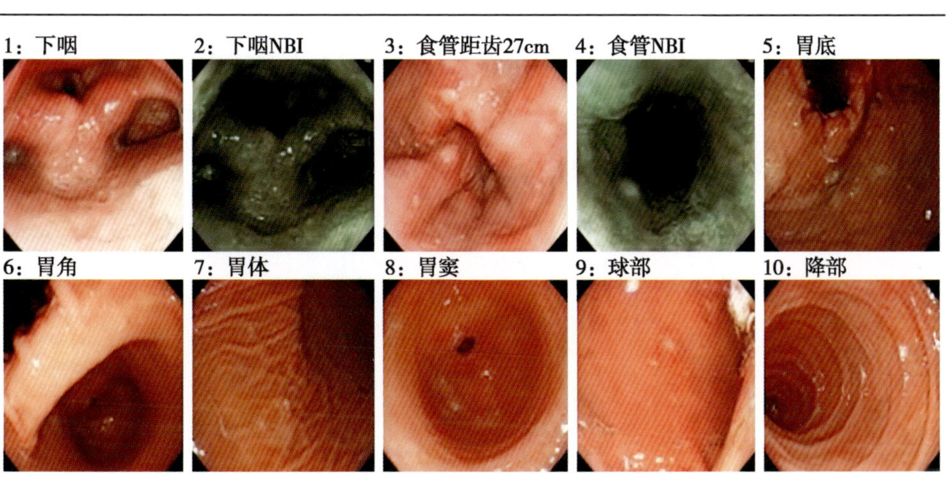

四川省肿瘤医院

超声内镜检查

门诊号：	住院号：[redacted]	检查号：[redacted]	麻醉类别：静脉麻醉
姓　名：[redacted]	性　别：男	年　龄：56	检查部位：
设备类型：		科　别：胸外科中心一病区	床　号：[redacted]

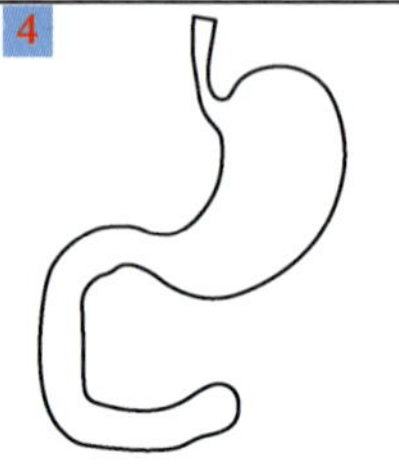

内镜超声检查所见：病灶处食管壁见低回声病变，内部回声不均匀，已侵犯至外膜外，病变最厚1.32cm，病灶周围淋巴结无肿大，胸主动脉、心脏未受侵犯。

诊断：食管胸中下段癌侵及外膜外？

1：食管胸下段

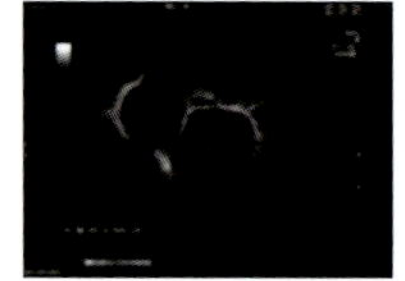

2：食管胸下段

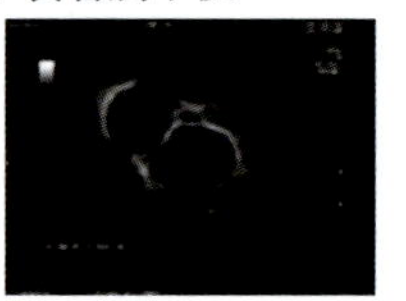

3：食管胸下段

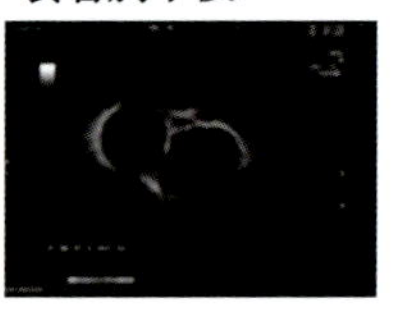

4：食管胸下段

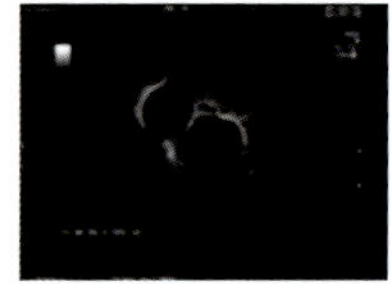

图 7-6　上消化道内镜和超声内镜

三、营养诊断

（一）肿瘤营养一级诊断（营养筛查）

采用 NRS 2002 量表对患者进行肿瘤营养一级诊断，结果为 6 分，见表 7-3。

表 7-3　NRS 2002 量表得分

营养状态评分（取三项中的最高分）			疾病严重程度	年龄	总分
BMI/（$kg\cdot m^{-2}$）	食物摄入量	体重丢失			
18.5～20.5（2 分）	1/2～3/4（1 分）	3 个月减少 5%（1 分）	肝硬化、慢性阻塞性肺疾病、糖尿病、肿瘤（1 分）	≥70 岁（1 分）	6 分
<18.5（3 分）	1/4～1/2（2 分）	2 个月减少 5%（2 分）	腹部大手术、发热（2 分）		
	<1/4（3 分）	1 个月减少 5%（3 分）	需监护室治疗（3 分）		

注：表中红色字体表示本例患者得分情况。NRS 2002，营养风险筛查 2002；BMI，体质量指数。

（二）肿瘤营养二级诊断（营养评估）

采用 PG-SGA 量表对患者进行肿瘤营养二级诊断（营养评估），结果为 10 分，属于重度营养不良。

（三）肿瘤营养三级诊断（综合调查）

对患者进行膳食调查：根据肿瘤患者简明膳食自评工具评估每日能量摄入情况（图 7-7），患者每日进食以软食为主，能量约 1 000kcal；牛奶 300ml/d，能量约 200kcal；共摄入能量 1 200kcal，蛋白质 68g。

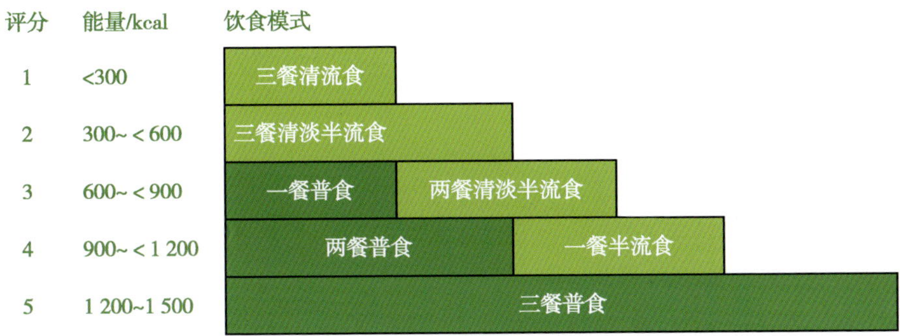

图 7-7 简明膳食自评工具

体格检查：精神萎靡、皮褶厚度较薄、下肢无凹陷性水肿。

实验室检查：白蛋白、血红蛋白、白细胞、淋巴细胞正常。

四、肿瘤营养双诊断

对该患者进行肿瘤和营养双诊断：①食管胸中段低分化鳞癌伴纵隔淋巴结转移（$cT_3N_3M_0$，ⅣA 期）；②重度营养不良（PG-SGA 10 分）。

五、多学科协作讨论

（一）肿瘤治疗

根据局部晚期食管鳞癌国内外指南推荐，建议患者行新辅助放化疗 + 手术。

（二）营养治疗

恶性肿瘤放射治疗患者不推荐常规进行营养治疗。PG-SGA 评分是判断患者是否存在营养不良及严重程度的重要工具，而急性放射损伤是影响患者营养物质摄入和营养状况的重要因素。重度营养不良者（PG-SGA≥9 分），应该先进行营养治疗 1～2 周，然后在营养治疗同时进行放射治疗，见图 7-1。该食管癌患者应予以全程营养支持治疗和管理。

人工营养包括肠内营养和肠外营养。恶性肿瘤放射治疗患者的营养治疗采用五阶梯治疗的原则，当患者胃肠道功能基本正常时首选肠内营养，胃肠道功能不全或功能障碍时使用部分或全肠外营养。首先选择营养教育，然后依次向上晋级选择口服营养补充（ONS）、完全肠内营养（TEN）、部分肠内营养（PEN）、部分肠外营养（PPN）、全肠外营养（TPN），见图 7-2。

六、治疗经过

（一）营养治疗

患者伴有重度营养不良，首先予以口服营养补充（ONS）改善营养状态，并确定目标量（表 7-4）。食管癌放射治疗患者，一般推荐能量需求量为 25～30kcal/(kg·d)，补充原则为需多少→差多少→补多少，计算所需肠外营养方案。在治疗过程中制订营养三级质量控制，监督和管理患者的营养摄入，由医师、护士、患者及家属参与质量控制工作，督促患者完成营养方案，达到改善患者营养状况的目的，见表 7-5。

表 7-4　食管癌全肠外营养治疗目标量

营养成分		人体正常需要量
能量		25～30kcal/(kg·d)
葡萄糖		2～4g/(kg·d)
脂肪		1～1.5g/(kg·d)
氮量		0.1～0.25g/(kg·d)
氨基酸		0.6～1.5g/(kg·d)
脂溶性、水溶性维生素		10ml
电解质	钠	1～2mmol/kg
	钾	1～2mmol/kg
	钙	5～7.5μmol/kg
	镁	1～10μmol/kg
	磷	20～40μmol/kg
水		30～40ml/kg

表 7-5　营养治疗质量控制表

营养时间	营养素	执行情况						
		第一日	第二日	第三日	第四日	第五日	第六日	第七日
全天								
7:30—8:00								
10:00—10:30								
12:00—12:30								
15:30—16:00								
18:00—18:30								

续表

营养时间	营养素	执行情况						
		第一日	第二日	第三日	第四日	第五日	第六日	第七日
20：30—21：00								
质量控制	目标需要量							
	未达标原因分析							
	改进措施							
	体重（≥1 次 / 周）							
	不良反应处理措施							
	辅助检查（实验室检查）							
	质量控制护士							
	质量控制医师							

（二）抗肿瘤治疗

1. **同步放化疗** 由于患者不愿行手术治疗，在改善营养状况的同时，实施食管鳞癌根治性同步放化疗。患者于院外已行紫杉醇 + 顺铂 + 氟尿嘧啶化疗方案 2 周期，且副反应不能耐受。遂更改方案为：在同步放射治疗期间口服替吉奥 50mg，每日 2 次，d1～d21，28 日 1 周期，共 2 周期。放射治疗方案：剂量 60Gy/30f。治疗后采用颈胸部增强 CT 评估，提示病灶缩小明显，疗效评价为部分缓解（PR）（图 7-8）。

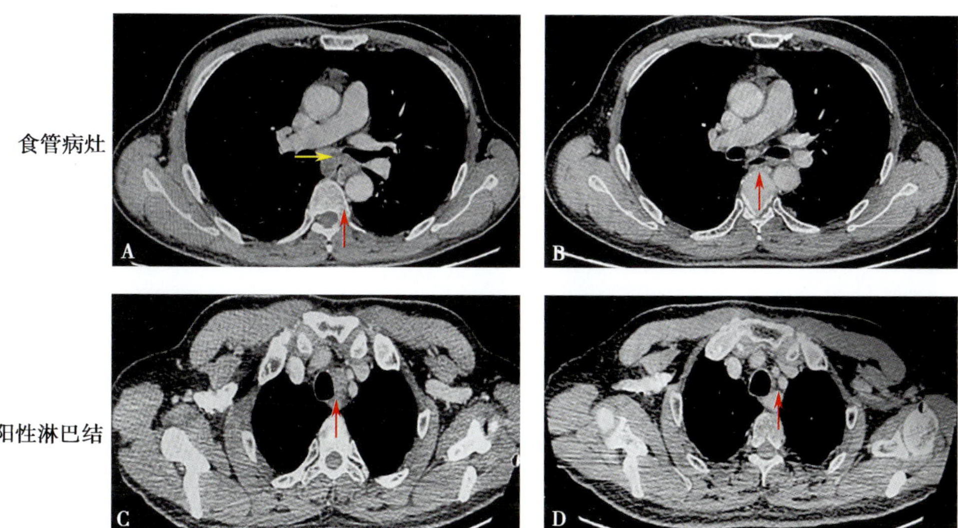

图 7-8 肿瘤治疗疗效评价

图 A、C 为放射治疗前；图 B、D 为放射治疗后；黄色箭头所示为阳性淋巴结；红色箭头所示为肿瘤所在位置。

2. **复发后挽救手术治疗** 随访发现食管癌复发，CT示：食管胸中下段右侧壁增厚明显。胃镜显示：距门齿28～31cm食管黏膜表覆白苔。胸腹腔镜联合三切口食管癌挽救性手术。住院期间予以有效的营养治疗，术后恢复良好，之后一直给予家庭营养监测和随访。

七、出院后的营养管理

患者在放化疗完成后和挽救性手术后，由随访人员与患者和家属积极沟通，进行家庭营养监测，并为患者设计了家庭饮食指导方案，参见表7-2。

居家期间，动态评估患者营养状况，体重较前增加，血清总蛋白、白蛋白、前白蛋白等生化指标正常，握力、皮褶厚度等指标均有改善。患者恢复普食，生活可自理，并持续于门诊按时随访。

八、总结

该患者食管癌根治性放化疗免疫维持治疗后复发，再行挽救性手术。在整个治疗过程中及出院后采用全程营养管理（图7-9），可以看到针对肿瘤患者采用全程营养支持治疗能够为患者多程治疗提供机会，减轻毒副反应。

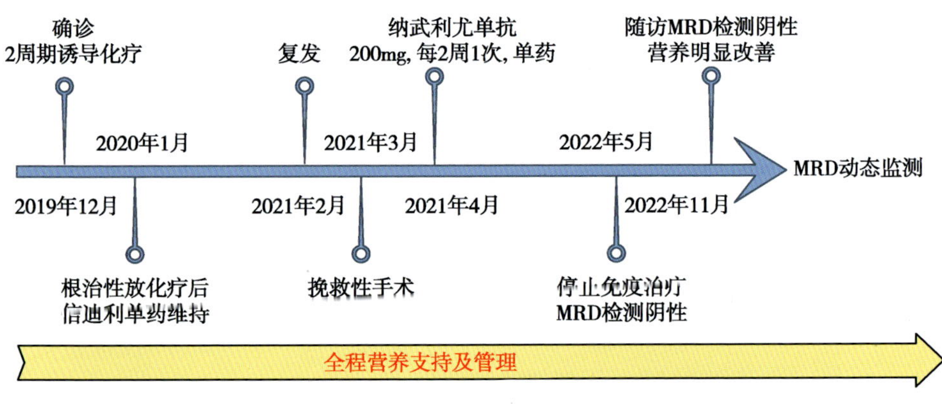

图7-9 患者治疗经过总结

MRD．微小残留病灶。

（梁 龙）

第三节 直肠癌放射治疗患者的全程营养管理

一、病史摘要

（一）患者基本情况

患者，男，75岁，体重57.5kg，身高169.0cm，BMI 20.1kg/m^2。

（二）主诉

因“便血2月余”就诊。

（三）现病史

2月余前患者无明显诱因出现便血，为鲜血，伴排便习惯改变，表现为大便变细、变扁。当地医院肠镜示：距肛门8.5cm直肠占位，活检为中分化腺癌。CT及MRI示直肠占位。

（四）既往史和家族史

2013年行“肾囊肿手术”，2015年行“早期食管癌切除术”，目前病情稳定。20余年前诊断“糖尿病”，口服二甲双胍，血糖控制可。吸烟20年，30支/d，戒烟20年。家族中父亲因“结肠癌”去世，母亲因“肺心病”去世。

二、辅助检查

（一）病理学检查

（直肠）中分化腺癌。

（二）盆腔磁共振

直肠中段距肛门约7.6cm处肠壁不规则增厚，浆膜面毛糙，病灶长度约5.7cm，局部管腔缩窄。盆腔见多发小淋巴结，部分弥散加权成像（DWI）呈高信号。胸部CT、腹部CT、心电图未见明显异常。

三、营养评估

（一）肿瘤营养一级诊断（营养筛查）

采用NRS 2002量表对患者进行肿瘤营养一级诊断（营养筛查），得分5分，提示患者有营养风险。

（二）肿瘤营养二级诊断（营养评估）

采用PG-SGA量表对患者进行肿瘤营养二级诊断（营养评估），得分8分，提示患者具有中度营养不良。

（三）肿瘤营养三级诊断（综合调查）

1. **营养相关病史** 患者进食差，进食量减少，大便次数较多，便鲜血，近1个月体重减轻约5kg，既往无营养相关疾病。

2. **膳食调查** 患者近2个月来食欲差，偶有恶心，无吞咽困难，进食量约为原来的50%～70%，以软食和半流食饮食为主。采用24小时膳食回顾法，患者每日摄入能量1 150～1 300kcal，以碳水化合物为主，其中蛋白质约45g，蛋白质供能比小于15%。

3. **体格检查** 精神萎靡，消瘦，眼眶轻度凹陷，皮褶厚度较薄，下肢无凹陷性水肿。

4. **实验室检查** 白蛋白、血红蛋白、白细胞、淋巴细胞正常；前白蛋白148mg/L。

四、肿瘤与营养双诊断

对该患者进行肿瘤和营养双诊断：①直肠中段中分化腺癌伴盆腔淋巴结转移（cT_3N+M_0 Ⅲ期）；②中度营养不良（PG-SGA 8 分）。

五、多学科协作讨论

（一）肿瘤治疗

根据直肠癌指南推荐：局部晚期直肠癌采用新辅助放化疗 + 根治性手术和/或辅助化疗的治疗方式。

（二）营养治疗

营养不良的直肠癌患者应予以全程营养支持治疗和管理。良好的营养状态可以增加患者对放射治疗的耐受性及保证放射治疗的治疗效果。该患者营养评估 PG-SGA 8 分，中度营养不良，依据肿瘤放射治疗患者营养治疗路径（图 7-1），患者放射治疗的同时给予营养治疗。该患者进食量较前减少，体重近 1 个月下降 5kg，能量摄入不足；前白蛋白 148mg/L 低于正常值，近期蛋白质摄入量不足；既往糖尿病史，血糖控制可。根据肿瘤患者营养治疗五阶梯法，给予患者饮食 + 口服营养补充，保证患者能量和蛋白质的需要；口服营养补充选择整蛋白型的糖尿病专用型营养制剂。

六、治疗经过

（一）营养治疗

首先根据患者营养状况制订营养摄入目标。患者为 75 岁老年人，身高 169.0cm，体重 57.5kg，能正常日常活动，糖尿病病史 20 余年，总能量可按 25～30kcal/kg 计算，即 1 437.5～1 725kcal/d。监测患者饮食量，及时调整口服营养补充量，以保证患者足够营养摄入，营养摄入量监测可参考表 7-6；膳食营养摄入方案参考表 7-7。

表 7-6 正常饮食和口服营养补充(ONS)营养摄入监测表

餐次时间	食物、营养制剂	能量/kcal；蛋白/g	执行情况					
			第一日	第二日	第三日	第四日	第五日	第六日
7：30—8：00								
9：30—10：00								
12：00—12：30								

续表

餐次时间	食物、营养制剂	能量/kcal;蛋白/g	执行情况					
			第一日	第二日	第三日	第四日	第五日	第六日
15：00—15：30								
18：00—18：30								
20：00—20：30								
质量控制	一日总量 是否达标及未达标原因 不良反应及处理 改进措施 其他							
签字								

表 7-7 患者一日营养摄入举例

餐次时间	主要食物量
早餐 7：30—8：00	牛奶：250ml 鸡蛋羹：鸡蛋 1 个 西葫芦软饼：西葫芦 100g，富强粉 50g
中餐 11：30—12：00	软二米饭：大米 35g，小米 15g 清蒸鲈鱼：鲈鱼 100g 蒜蓉西蓝花：200g
下午加餐 2：30—3：00	口服营养制剂：6 勺（约 52g）
晚餐 6：00—6：30	肉丝面：面粉 50g，瘦肉丝 50g，小油菜 150g
睡前加餐 9：00—9：30	口服营养制剂：6 勺（约 52g）
全日食用油 25g，盐 6g；总能量 1 711kcal，蛋白质 89g	

患者应该少食多餐，每日 4～6 餐以保证营养素摄入量。饮食应尽量多样化，容易消化，味道在不违反治疗原则的情况下，尽量迎合患者口味，该患者有糖尿病史，除不能进食精制甜食外，没有特殊饮食禁忌。

患者的营养治疗需要临床医师、护士、临床营养师共同完成，当患者营养素摄入量不达标时，应该根据患者病情、营养情况及时调整。营养治疗期间应关注患者食欲、口味、胃肠道症状，还应该监测患者营养相关指标，如前白蛋白、白蛋白、血红蛋白等的变化情况，以保证营养治疗的及时性、有效性。

（二）抗肿瘤治疗

在改善营养状况的同时，实施直肠癌新辅助放化疗＋根治性手术。

1. 新辅助放射治疗方案 靶区定义：GTV 为影像学可见肿物，CTV50 为直肠系膜区，CTV45 为直肠系膜区及闭孔、髂内、骶前淋巴引流区。PTV50 为 CTV50 三维外放 5mm，PTV45 为 CTV45 三维外放 5mm（后方 7mm）。处方剂量：95%PTV50 50Gy/2Gy/25f，95%PTV45 45Gy/1.8Gy/25f。同步化疗方案：卡培他滨 1 650mg/m^2 d1～d14，d22～d36。治疗过程顺利，治疗后症状缓解，采用盆腔增强 CT 及 MRI 评估提示病灶缩小明显，疗效评价为部分缓解（PR）（图 7-10）。

2. **新辅助化疗** 行 XELOX 方案新辅助化疗 1 次，具体：奥沙利铂 130mg/m^2 d1，卡培他滨 2 000mg/m^2 d1～d14。

3. **治疗期间营养治疗** 患者体重增加，白蛋白无减少，未出现严重不良反应。

4. **根治性手术** 放射治疗后 10 周行直肠癌根治术。住院期间予以有效的营养支持，术后恢复良好。

5. **术后病理** 送检肠管及肠周脂肪组织，可见隆起、灰红、溃疡型肿物，大小 1.5cm×0.6cm×0.6cm，肿物浸透肠壁肌层达浆膜下脂肪组织，切面灰白、实性、质中，占据肠周约 1/4，对应浆膜面略皱缩，距环周切缘最近 2.8cm，其余肠黏膜皱襞清晰。镜下所见：检见纤维化瘤床，瘤床全部取材，未见明确癌细胞残存，大肠癌美国癌症联合委员会（AJCC）退变反应分级 0 级。切缘未见癌。肠周淋巴结未见癌转移（0/13）。

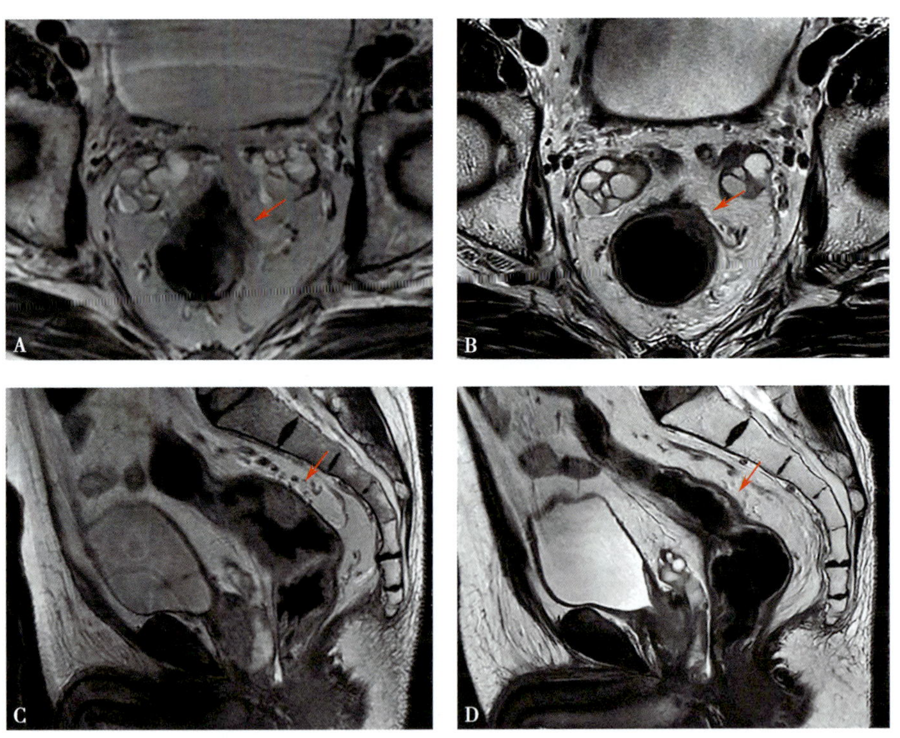

图 7-10 患者新辅助治疗前后 MRI 对比图

图 A、C 为放射治疗前，图 B、D 为放射治疗后；红色箭头所示为肿瘤所在位置。

6. **术后辅助治疗**　考虑患者术后已达病理完全缓解，且高龄合并症较多，维持化疗获益不明确，未行辅助化疗，予以随访观察。

7. **随访**　截至 2023 年 4 月，患者未见肿瘤复发转移征象，营养状态良好。

七、出院后营养管理

由于消化道恶性肿瘤营养消耗大、容易发生营养摄入不足和营养素吸收差等情况，恶性肿瘤患者在出院后应该继续营养治疗。

该患者出院后可继续给予糖尿病饮食 + 口服营养补充，该患者治疗开始时，除体重下降和前蛋白水平偏低外各项营养相关指标基本正常；经过住院治疗前白蛋白达到正常水平 183mg/L，体重则维持在 57.5～58.3kg。出院后可继续住院时的饮食方案。出院后应临床营养门诊随诊，患者自我监测体重、记录饮食日记，门诊评估饮食状况及各项营养相关指标，及时调整营养摄入量。

八、总结

该患者行新辅助放化疗 + 根治性手术（图 7-11）。整个治疗过程及出院后都采用全程营养管理。个性化营养支持能够为高强度抗肿瘤治疗提供保障，提高患者耐受性，减少治疗相关毒副反应发生，从而提高整体疗效。

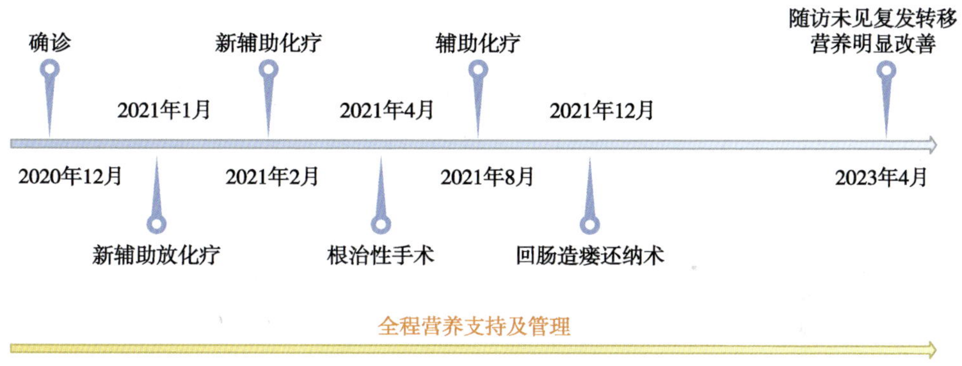

图 7-11　患者全程营养管理图

（张秋香　彭　冉）